T0245580

# El camino del perezoso genial

KENDRA ADACHI

# El camino del perezoso genial

*Abrazar lo que importa, abandonar lo que no importa
y hacer las cosas*

EDICIONES OBELISCO

Si este libro le ha interesado y desea que le mantengamos informado de nuestras publicaciones,
escríbanos indicándonos qué temas son de su interés (Astrología, Autoayuda, Psicología,
Artes Marciales, Naturismo, Espiritualidad, Tradición…) y gustosamente le complaceremos.

Puede consultar nuestro catálogo en www.edicionesobelisco.com

*Los editores no han comprobado la eficacia ni el resultado de las recetas,
productos, fórmulas técnicas, ejercicios o similares contenidos en este libro.
Instan a los lectores a consultar al médico o especialista de la salud ante
cualquier duda que surja. No asumen, por lo tanto, responsabilidad alguna
en cuanto a su utilización ni realizan asesoramiento al respecto.*

**Colección Psicología**
El camino del perezoso genial
*Kendra Adachi*

Título original: *The Lazy Genius Way*

1.ª edición: mayo de 2022

Traducción: *Manu Manzano*
Maquetación: *Juan Bejarano*
Corrección: *TsEdi, Teleservicios Editoriales, S. L.*
Diseño de cubierta: *Carol Briceño*

© 2020, Kendra Joyner Adachi
Publicado por acuerdo conm WaterBrook, sello editorial de Random House,
división de Penguin Random House LLC.
Autora representada por Alive Lit. Ag.
www. aliveliterary.com
(Reservados todos los derechos)
© 2022, Ediciones Obelisco, S. L.
(Reservados los derechos para la presente edición)

Edita: Ediciones Obelisco, S. L.
Collita, 23-25. Pol. Ind. Molí de la Bastida
08191 Rubí - Barcelona - España
Tel. 93 309 85 25
E-mail: info@edicionesobelisco.com

ISBN: 978-84-9111-852-7
Depósito Legal: B-6.569-2022

Impreso en los talleres gráficos de Romanyà/Valls S. A.
Verdaguer, 1 - 08786 Capellades - Barcelona

*Printed in Spain*

# PRÓLOGO

Algunos eventos, como las bodas, los nacimientos, las graduaciones y las proposiciones, marcan un surco profundo en nuestros recuerdos porque señalan nuestra vida de manera significativa. Otros momentos permanecen incrustados en el tiempo porque van de la mano de emociones profundas como la alegría, la conmoción, la pasión o el dolor. Aun así, la vida se compone principalmente de momentos que pueden parecer normales mientras los vives, pero a los que regresas con gratitud. No es porque fueran necesariamente notables, sino porque dieron forma a los contornos de tu vida en un breve momento.

En la primavera de 2008, mi esposo John y yo estábamos empaquetando todas nuestras pertenencias mundanas para trasladarnos a una casa al otro lado de la ciudad. Además del estrés habitual que acompaña a cualquier mudanza, John llevaba aproximadamente un año trabajando en una iglesia local y teníamos tres hijos menores de cuatro años. Parecía que cada área de nuestra vida se veía afectada por el caos o el cambio, y yo hacía semanas que deseaba que ambas cosas terminaran.

Unos días antes de la venta, todos nuestros muebles estaban en la nueva casa, pero todavía teníamos algunos artículos de última hora que necesitábamos empaquetar en la vieja: condimentos en el refrigerador, montones de correo basura en la encimera, cajas de plástico sin tapa en el comedor, y algunos cajones de la cocina llenos de suministros de oficina con los que no sabíamos qué hacer, cables enredados y restos de aparatos no identificables. Resulta que no puedes mudarte sólo con las cosas que te gustan. Tienes que llevártelo todo. Estaba lista para prender fuego a los artículos restantes para que no tuviéramos que empaquetarlos o desempaquetarlos de nuevo, pero en lugar de encender un fósforo, llamé a una amiga.

Mientras John se quedaba con nuestros hijos en la nueva casa, mi amiga vino a ayudarme a vaciar la vieja casa de esas pocas pertenencias rezagadas y cargar el coche por última vez. Si has estado vivo durante al menos cinco minutos, tal vez ya sepas que ésa es una cuestión bastante vulnerable. En ese momento conocía a mi amiga desde hacía sólo un año, y aún me avergonzaba invitarla a cenar, así que mucho menos invitarla a que me ayudara a transportar la basura de nuestra vida desde nuestra antigua casa a la nueva. Vería mi evidente desorganización y los trastos innecesarios a los que me aferraba. Además, me vería en toda mi gloria agotada, sin duchar y en las últimas.

Aun así, vino. Trabajamos juntas en silencio y sacamos al patio cajas de plástico sin tapa llenas de herramientas al azar, artículos para el congelador y bombillas para cargarlas en el coche. Recuerdo que me sentí aliviada porque no esperó a que le dijera qué debía hacer (honestamente, en ese momento probablemente le habría señalado el patio y le habría dado una cerilla). En cambio, vio lo que había que hacer y trabajó con rapidez, sin hacer comentarios, ayudándome a cerrar las últimas cajas con contenido embarazoso y hacer el trabajo. Lo que más recuerdo de ese día fue su amable silencio y su proceder práctico.

Si aún no lo has descubierto, esa amiga era Kendra Adachi. Y aunque ese traslado ocurrió hace más de diez años, aunque esa tarde no estuvo acompañada de una sola conversación significativa o un momento tradicionalmente revelador, el recuerdo me vuelve a visitar a menudo, y lloro pensando en ello incluso ahora. Porque en lugar de abordar aquella mudanza como un genio de la pereza, lo manejé más como una tonta con exceso de trabajo. Hice las cosas incorrectas en el orden incorrecto, sintiendo vergüenza por el estado de mi casa y el caos en mi vida.

Mientras tanto, Kendra es experta en la creación de sistemas para finalizar tareas. Ella es una maestra en hacer las cosas correctas en el orden correcto por las razones correctas, desde empaquetar una caja hasta organizar una fiesta. Si bien fue, por supuesto, un regalo tener a una amiga dispuesta a ayudarme a trasladarme, y poder confiar en que una amiga me vería en mi peor momento frenético, la razón por la que ese recuerdo se destaca para mí es aún más profunda que eso. Destaca porque en lo que sentí que estaba fallando tan miserablemente fue en lo que ella era tan buena, y aun así se presentó a mí, llena de compasión, a millas de distancia de emitir juicio alguno. Me pareció encantadora.

El libro que ahora sostienes entre las manos es una prueba de ese encanto. Es posible que lo hayas adquirido porque necesitas ayuda para hacer las cosas. Ella te ayudará a conseguirlo. Pero los sistemas eficientes no funcionan si se implementan sin amabilidad. Ése es el regalo único de este libro y la razón por la que estoy tan agradecida a Kendra por haberlo escrito por fin.

La razón por la que *El camino del perezoso genial* tiene el potencial de cambiar la manera en que vives tu vida no es simplemente por sus consejos prácticos, sino por el espíritu con el que se ofrecen. Desde la manera en que limpias la cocina hasta cómo comienzas el día, ser genialmente perezoso no es hacer las cosas de la manera correcta, sino encontrar finalmente tu propio camino. No escucharás mantras vacíos avergonzándote para que hagas las cosas mejor. En cambio, se te alentará a decidir qué es importante para ti y recibirás permiso para dejar atrás todo lo demás.

Han pasado diez años desde que mi familia y yo nos trasladamos. Desde entonces, Kendra y yo hemos compartido innumerables momentos juntas, y ya no siento ninguna sombra de vergüenza cuando me ve en mi peor momento. Esta transformación comenzó el día en que apareció preparada para ayudarme, a pesar de que podría haberme dado órdenes para que lo hiciera mejor. Pero ella no me avergonzó entonces, y tampoco te avergonzará a ti. Kendra me está enseñando a ser un genio con las cosas que importan y a ser perezosa con las que no. Antes de que te rindas y permitas que el caos te tiente a quemar la casa, aléjate de las cerillas y lee este libro práctico, amable y vivificante.

—Emily P. Freeman, autora de *The Next Right Thing*—.

# INTRODUCCIÓN

## (Por favor, no te la saltes)

No soy una mamá a la que le guste jugar. Quiero decir, lo hago, pero personalmente no me gusta derribar una pila de bloques veinte mil veces seguidas, sin importar cuánta alegría les brinde a mis hijos.[1]

Afortunadamente, mi marido es un papá que juega. Hace unos veranos, se lo pasó en grande mientras estábamos de vacaciones en la playa. Cavó un agujero impresionante en la arena, un agujero tan profundo que había que inclinarse sobre el borde para ver el fondo. Luego, con el entusiasmo de un maestro de ceremonias, hizo que los tres niños corrieran a la orilla y volvieran cargando cubos de agua para llenar el agujero lo más rápido posible.

Una y otra vez, cargaron y vertieron, cargaron y vertieron.

Pero aquel agujero no se llenaba.

Cada gota se filtraba en la arena, burlándose de ellos y de sus esfuerzos. Como mis hijos son unos adorables bichos raros, pensaron que era divertido y jugaron a aquello durante un buen rato, es decir, hasta que una bandada de gaviotas agresivas se volvió mucho más interesante.

Cuando salieron corriendo para perseguir a los pájaros, me fijé en los cubos desechados que rodeaban el agujero vacío y

---

1. Tengo tres, por cierto. Sam está en cuarto grado y está obsesionado con Minecraft, Ben está en segundo grado y está obsesionado con pintar la Mona Lisa, y Annie está en preescolar y está obsesionada conmigo.

me di cuenta de que lo que veía era una metáfora de mi vida. Quizá también lo sea de la tuya.

Esto es lo que hacemos como mujeres.[2] Elegimos nuestro lugar en la arena para cavar un hoyo, verificamos si las mujeres que nos rodean eligen lugares similares (o, mejor dicho, mejores), y mientras tanto tratamos de no distraernos con su paciencia maternal y sus cuerpos en bikini. Comenzamos a cavar, esperando que el hoyo sea lo suficientemente profundo, y nos dirijamos en la dirección correcta. ¿A dónde va? Ni idea, pero a quién le importa. Todas las demás están cavando, así que nosotras también cavamos.

Por fin, es el momento de ponerse a transportar cubos para llenar el agujero. Llevamos carga tras carga de «agua»: calendarios codificados por colores, responsabilidades maternales, planes de comidas y equilibrio entre el trabajo y la vida. Transportamos. Nos dedicamos. Sudamos. Y vemos que ese agujero permanece vacío. Estamos confundidas. ¿Todas las demás lo han resuelto? ¿Mi agujero es demasiado profundo? ¿Y a dónde va toda esa agua?

Hacemos una pausa para recuperar el aliento, preguntándonos si todas las demás también se sienten como un fracaso épico. Una persona no puede mantenerse al día con una casa limpia, un trabajo satisfactorio, una familia bien adaptada, una vida social activa y corriendo una media de veinticinco kilómetros por semana, ¿verdad?

Con el silencio como única respuesta, decidimos: «No, soy sólo yo. Necesito hacerlo mejor». Lo que sigue es una ráfaga de rastreadores de hábitos, revisiones del calendario y propuestas en Internet inquietantemente surrealistas para descubrir cómo ser mejores, hasta que nos desmayamos por agotamiento emo-

---

2. Si eres un hombre, deja que esto te ayude a comprender cómo las mujeres a menudo estamos conectadas y las presiones que sentimos debido a la cultura de la que formamos parte. Además, gracias por leer este libro, aunque siempre utilizaré sin vergüenza pronombres femeninos.

cional o verdadera fatiga suprarrenal o nos rendimos por completo y regresamos a la casa de la playa a por un margarita que mitigue la vergüenza que sentimos.

¿Chinchín?

## La verdadera razón por la que estás cansada

No estás cansada porque la ropa ocupe más espacio en tu sofá que los humanos, o porque a nadie en tu casa parezca importarle tu fecha límite de entrega de trabajo, o porque la regla del almuerzo escolar de tu hijo es «las uvas deben cortarse en cuartos». Las labores son abundantes, pero sabes que tu lista de tareas no es la única culpable.

Estás «activa» todo el tiempo, tratando de estar presente con tu gente, gestionando las emociones de todos los que te rodean, cargando con las necesidades invisibles de los extraños que están en la fila de la oficina de correos y averiguando cómo satisfacer tus propias necesidades con lo que sea que te quede, suponiendo que sepas cuáles son tus necesidades en primer lugar.

Es demasiado. O tal vez sientas que todo eso es demasiado porque no has leído el libro adecuado, no has escuchado el pódcast correcto o no has encontrado el sistema idóneo.

Conozco esa sensación. He pasado una cantidad vergonzosa de horas buscando las herramientas adecuadas para tener mi vida bajo control, y tengo una pila abandonada de planificadores y destacados libros de autoayuda para demostrarlo. Alerta de *spoiler* innecesario: no me han ayudado en nada.

Por un lado, sentía que tenía que crear un calco de la vida de quien fuera el autor o autora, aunque no me gusta acostarme temprano y no viajo a veinte ciudades al año hablando en eventos.

¿Y por el otro lado? Sigue tus sueños. Aparentemente, mi lista de tareas pendientes no es el problema, sino mi forma de pensar a pequeña escala.

Aun así, subrayé docenas de pasajes, tratando de juntar a Mac-Gyver con algún tipo de plan que tuviera sentido para mí. Tal vez la combinación correcta de trucos de vida y citas inspiradoras evitaría que me quedara despierta profundamente preocupada en medio de la noche. Sin embargo, a pesar de leer libro tras libro, cita tras cita y planificación tras planificación, seguía cansada. Quizá estés leyendo este libro porque también te sientes así.

Pero tengo buenas noticias. No necesitas una nueva lista de cosas por hacer; necesitas una nueva forma de mirar a tu alrededor.

## Por qué simplificar no funciona

Es la solución más común para sentirte abrumada: simplificar. Haz menos, ten menos, sube menos a Instagram. Reduce los compromisos, subcontrata y di más veces que no. Pero también retribuye a la comunidad, únete a un club de lectura y cultiva tomates al estilo tradicional. Prepara las papillas para el bebé, realiza una actividad secundaria impresionante y ten una cita nocturna regular con tu pareja si esperas que tu relación sobreviva. ¿Es algo simple? En mi experiencia, la relación de pareja, el espíritu empresarial y la jardinería son muy complicados.

Para los cristianos, el concepto de una vida sencilla puede resultar aún más confuso. Jesús no tenía hogar, sólo tenía doce amigos y dependía de la bondad de los demás para comer y dormir. Su vida se centró en un objetivo singular, y todo lo demás fue sencillo. Pero si retrocedemos un poco más en la Biblia, encontramos a la mujer (muy incomprendida) de Proverbios 31 que se levanta antes del sol, cose la ropa de cama de toda la familia, planta viñedos y tiene brazos fuertes.

¿Alguien podría decirme de qué se supone que debo preocuparme para poder vivir mi vida?

Por eso la simplificación no es nada simple. Ninguna voz puede decirnos cómo vivir. Incluso dentro del mensaje bíblico de «ama a Dios y ama a tu prójimo», hay un millón de posibilidades de cómo podría llevarse eso a la práctica.

Necesitamos un filtro que nos permita crear una vida enfocándonos sólo en lo que nos importa, no en lo que todos los demás dicen que debería importarnos.

Amiga, bienvenida a *El camino del perezoso genial.*

## Cómo leer este libro

Aquí está tu nuevo mantra: sé un genio con las cosas que te importan y una perezosa con las cosas que no.

A medida que cambian las circunstancias de la vida, las necesidades y prioridades siguen su ejemplo. Este libro está diseñado para ser una referencia útil a través de todas esas transiciones, brindándote lenguaje y herramientas para hacer espacio para lo que importa.

**Aquí está tu nuevo mantra: sé un genio con las cosas que te importan y una perezosa con las que no te importan.**

Cada capítulo destaca un principio de genial pereza, con ideas para implementarlo de inmediato. Un principio por sí solo tendrá un impacto tangible, pero a medida que apliques cada uno a tu vida diaria, verás cómo los trece principios pueden crear armoniosamente soluciones personalizadas para tus problemas e iluminar los que no importan tanto.

Puedes ojear rápidamente estas páginas en busca de pasos concretos y listas útiles, y cuando tengas tiempo, leerlas con mayor profundidad a medida que crees espacio para convertirte en tu verdadero yo. Te animo a que cojas este libro cada vez que te topes con un obstáculo en tu rutina, cuando se avecina una transición o cuando sientas el peso del ajetreo. Aprenderás mejores maneras de lavar la ropa, a terminar proyectos y a preparar la cena. ¡Felicidades! Pero más allá de lo práctico, aprenderás a abrazar una vida que ofrece espacio para el éxito y la lucha, la energía y el agotamiento, la limpieza de la casa y la comida basura. Todo cuenta porque todo es tuyo.

> Aprenderás mejores maneras de lavar la ropa, a terminar proyectos y a preparar la cena. ¡Felicidades! Pero más allá de lo práctico, aprenderás a abrazar una vida que ofrece espacio para el éxito y la lucha, la energía y el agotamiento, la limpieza de la casa y la comida basura. Todo cuenta porque todo es tuyo.

Tanto si estás en casa con humanos pequeños, en un despacho en un rincón, sola, ocupada o aburrida, este libro te ayudará a nombrar lo que importa, deshacerte de lo que no, y a llevar una vida llena de productividad y paz.

Empecemos.

# CÓMO PENSAR
# CON GENIAL PEREZA

Mi primer trabajo después de la universidad fue en la iglesia donde había pasado mis años de escuela secundaria y donde, unos meses antes, me había casado. Muchas de mis compañeras de trabajo me conocían desde antes de que pudiera conducir un automóvil, pero ahora era una adulta con un esposo y un trabajo.

Estaba ansiosa por demostrar que pertenecía al grupo.

Una vez al mes teníamos una reunión de personal por la mañana y los compañeros de trabajo se turnaban para ofrecer el desayuno a los demás. La mayoría de los meses había la cantidad habitual de magdalenas de la tienda de comestibles y ensalada de frutas variadas, y recuerdo haber pensado: «Yo puedo hacerlo mejor».

Finalmente me inscribí en el servicio de desayuno, no por amabilidad, sino porque quería que mi desayuno fuera el estándar de oro. Sí, me avergüenza la humillación cuando comparto públicamente tal arrogancia, pero como perfeccionista moralista, estaba obsesionada con mantener el marcador alto, evitar el fracaso y ser impresionante. La comparación y el juicio eran parte del curso.[1]

La mayoría de las personas se emparejaban para traer la comida, pero no, señora, yo no. Montaría toda esta fiesta por mi cuenta y riesgo. Supuse que la gente débil y poco impresionante pide ayuda. Las personas aparentemente seguras de sí mismas, que se desmoronan por dentro, van solas.

---

1. Aunque hubiera sido lo suficientemente genial como para ir a fiestas cuando era adolescente, de todos modos no me habría divertido en ellas.

Obviamente, la perfección era mi estándar, y no sólo en cuanto a la comida. A pesar de que mi esposo y yo teníamos muy poco dinero, derroché en un par de fuentes de Pottery Barn para que la comida que iba a servir tuviera un aspecto impecable. Compré un mantel de lino; los de plástico de la iglesia harían que mis nuevas fuentes no lucieran en absoluto. Compré uno de esos dispensadores de bebidas de vidrio que tienen en Southern Living, porque la perfección no sirve bebidas en jarras de plástico. Flores frescas, servilletas elegantes, ya te haces una idea.

Para el menú, recordé que unas semanas antes, cuando desayunamos en la casa de un amigo, todo el grupo se quedó estupefacto por sus tostadas francesas rellenas: suculenta, dorada y un competidor definitivo para el puesto de mejor desayuno de todos los tiempos. Fue la elección perfecta. Pero he aquí el problema: no sabía cómo hacer tostadas francesas rellenas. Sabía cómo cocinar una salsa de espagueti decente y estaba en las primeras etapas de una galleta con trocitos de chocolate casi perfecta, pero mis habilidades culinarias no eran exactamente versátiles. Tal vez si hubiera seguido una receta, las cosas habrían salido de otra manera.

Por desgracia, en ese momento pensé que las recetas también eran para los débiles. Así que me propuse hacer no uno, sino dos tipos de tostadas francesas rellenas para treinta personas, sin una sola instrucción.

En caso de que no sepas cómo se hacen las tostadas francesas rellenas, permíteme explicártelo. Básicamente, haces un sándwich con un pan rico y mantecoso como el de brioche y untas el medio con algo delicioso, como queso, mermelada o Nutella. Luego sumerges ese sándwich en una base de natilla hecha con huevo, azúcar y leche entera y lo cocinas en mantequilla caliente hasta que el pan esté crujiente y dorado. Finalmente, lo rocías con almíbar o azúcar en polvo y te lo metes en la boca con un tenedor o una cuchara. Es sublime.

Esto es lo que hice.

Para la tostada francesa rellena número 1, puse queso americano entre las rebanadas de pan Wonder y apilé los sándwiches en una bandeja para hornear, literalmente uno encima del otro. Receta completa.

Para la tostada francesa rellena número 2, hice sándwiches de queso crema y gelatina de frambuesa con ese mismo pan mágico Wonder y también los apilé unos encima de otros.

Luego metí la sartén en el horno.

No había ni un huevo ni una barra de mantequilla a la vista. Básicamente, calenté sándwiches raros y pensé que era Martha Stewart. Cuando los saqué, me fijé que su aspecto era un poco diferente a los de mi amigo (¿tal vez eso era algo bueno porque yo lo había hecho mejor?). Los corté en triángulos y los puse en mis elegantes fuentes. Fue como ponerle pintalabios a un cerdo demasiado confiado.

Una hora más tarde (muero pensando en lo asquerosos que debieron haberse puesto para entonces), comenzó la reunión de equipo. Me senté en la parte de atrás de la sala y no llamé la atención sobre mí misma, no por vergüenza, sino porque no quería que mis compañeros de equipo se dieran cuenta de que quería que supieran que yo era la responsable de aquella obra maestra culinaria.

Me senté en una mesa, viendo a mis amigos y compañeros de trabajo hacer fila para el desayuno, esperando «humildemente» a que llegaran los elogios.

No necesito decirte que no fue así.

El desayuno era asqueroso. Quiero decir, realmente repugnante. Pude sentir no sólo la decepción en la habitación, sino también el incómodo juego de la patata caliente social cuando la gente trataba de agradecer al misterioso cocinero un desayuno que luego necesitarían complementar con barritas de granola.

Tal vez fui excesivamente dramática al casi renunciar a mi trabajo por aquel fiasco, aunque esa respuesta habría encajado a la perfección. Me sentí humillada. Había intentado impresionar, mostrarles a los demás que podía hacerlo todo: poner una mesa perfecta, preparar una comida perfecta y recibir cumplidos con perfecta humildad. En cambio, probablemente provoqué a alguien una intoxicación alimentaria. Me preocupaba demasiado por las cosas equivocadas.

En caso de que te lo estés preguntando, esto, definitivamente, no es pensar con genial pereza.

## Intentarlo demasiado

Cuando te preocupas por algo, intentas hacerlo bien. Cuando te preocupas por todo, no haces nada bien, lo que te obliga a esforzarte aún más. Bienvenido al agotamiento perenne.

Si tienes este libro entre las manos, es probable que tus esfuerzos por ser un ser humano optimizado hayan sido vergonzosamente cortos, como los míos. En el fondo, sabemos que no podemos hacerlo todo, pero aun así lo intentamos. Durante la última década de mi vida, he ido a terapia y he autorreflexionado mucho para tratar de descubrir por qué sentía que ser perfecta en literalmente todo era la respuesta.

La historia de cada uno es diferente y la mía implica abuso. (Sí, eso ha sido bastante inesperado, y ahora sabes que voy muy rápido y soy muy intensa). Mi padre y mi vida familiar eran impredecibles, y cuando era niña, aprendí que mis decisiones tenían el poder de afectar a mi seguridad. Si me quedaba callada, sacaba buenas notas y mantenía mi habitación limpia, él no se enfadaba. Si bien mis acciones no siempre fueron una correlación directa con las suyas, yo vivía como si lo fueran. Equiparaba la seguridad al valor y al amor y, en consecuencia, veía mis elecciones como la única medida de mi valor. Pensaba que necesitaba ser la hija, la estudiante y la amiga perfecta para ser importante.

Intentaba con todas mis fuerzas ser buena, pero mi padre no dejaba de decirme cómo ser mejor. Recuerdo sentirme muy inútil y no entender por qué pensaba que debería tener el pelo rubio en lugar de castaño, por qué se esperaban mis notas excelentes pero no se celebraban, o por qué él y mi madre eran tan infelices. Naturalmente, asumí que yo era el problema, que no me esforzaba lo suficiente o no era lo suficientemente perfecta para hacer de nuestro hogar un lugar feliz. El sentimiento de insuficiencia era abrumador y también se filtró en mis otras relaciones.

Yo era la alumna favorita de todos los profesores. Hacía los deberes enseguida y sin un solo error. Era siempre la primera de la fila y la delegada de clase más fiable y obtenía una puntuación del noventa y nueve por ciento en cada prueba estandarizada que realizaba. Ninguna estudiante es perfecta, pero yo me acercaba mucho, porque asumía que ésa era la única manera de ser amada.

**Ésa es la ironía de la perfección: los muros que impiden que se vea tu vulnerabilidad también impiden que te conozcan.**

También intentaba ser la amiga perfecta. No provocaba tensiones, me guardaba mis problemas para mí y era un camaleón en cada relación. Nadie sabía que me avergonzaba tener padres divorciados, que quería desesperadamente ser bonita o que estaba a sólo un fallo de desmoronarme. Asumía que dejar que la gente viera mis partes imperfectas y rotas pondría en peligro la amistad, y eso simplemente no era una opción.

Ésa es la ironía de la perfección: los muros que impiden que se vea tu vulnerabilidad también impiden que te conozcan. Siempre trataba de esconderme detrás de la perfección porque no pensaba que mi yo completo fuera suficiente. Quizá tú también te sientes así.

No estoy tratando de meterme en tus asuntos, pero es probable que tengas vergüenza, miedo o inseguridad por algo y te esfuerces mucho por ocultarlo. Todos lo hacemos porque todos somos humanos, y no tiene por qué provenir de algo tan oscuro como el abuso infantil. Cada historia cuenta, pero recuerda que esas historias a menudo vienen con mentiras que creemos sobre nosotros mismos. Tú, yo y la guapa desconocida de Target[2] tenemos historias que hacen que nos esforcemos en las cosas equivocadas, y cuanto más lo intentamos, más fuerte es la mentira.

*Eres ruidoso y ocupas demasiado espacio.*
*No te pareces lo suficiente a tu hermana.*
*Te pareces demasiado a tu padre.*
*No eres lo suficientemente inteligente, lo suficientemente guapa, ni lo suficientemente atlética.*
*Ella se ha ido por tu culpa.*

A medida que envejeces, esos pensamientos y sentimientos vergonzosos no se van, simplemente cambian de forma.

*No eres lo suficientemente buena cocinera.*
*¿Cómo te atreves a no querer tener hijos?*
*Trabajas mucho.*
*Algo debes estar haciendo mal si aún no estás casada.*
*Eres una mala madre por dejar que tus hijos vean tanta televisión.*
*Nadie quiere ser tu amiga.*

Tratar de impresionar a los demás, de esconderse o de luchar contra la vergüenza que te molesta por dentro consume más energía de la que puedes soportar. Añade a eso la colada y lavar el coche. ¡Oh, vamos!

Cuando te falla el esfuerzo, parece que sólo te queda una opción: rendirte.

---

2. Target Corporation es una cadena de grandes almacenes, fundada en Minneapolis, MN, Estados Unidos, en 1962. *(N. del T.)*

## No intentarlo suficientemente

Poco después de la debacle del desayuno en la iglesia, tiré la toalla. No más ser impresionante. No más dedicación. Y fui demasiado lejos. Me engañé pensando que sólo tenía dos opciones: esforzarme demasiado o no intentarlo en absoluto. Olvidé que intentarlo en sí mismo no es el problema. Es hermoso intentarlo cuando se trata de cosas que realmente importan, pero definitivamente caí en el error evitable de eliminar algo bueno al intentar deshacerme de algo malo.

Aunque una de mis mayores alegrías es demostrar mi amor por los demás cocinando para ellos, pedía pizza cuando venían amigas a casa porque pensaba que una comida casera era demasiado difícil. A pesar de que una casa tranquila y ordenada es buena para el hámster que corre sin parar en la rueda de mi cerebro, mi casa estaba prácticamente hecha un desastre porque limpiar era un esfuerzo demasiado difícil.

> **No tienes que ser perfecta, y no tienes que rendirte. Simplemente tienes que ser tú misma.**

Dejé de preocuparme y dejé de intentarlo, y de alguna manera todavía me sentía cansada.

No sabía que puedes estar tan agotada por no intentarlo como por intentarlo demasiado. Manejar la apatía y el modo de supervivencia requiere tanta energía como manejar las reglas y la perfección. Aun así, me incliné hacia la postura de «llevo el cabello despeinado, pero no me importa» para ocultar el hecho de que me importaba demasiado. Necesitaba algo que detuviera la loca oscilación del péndulo de preocuparme mucho por las cosas incorrectas a no preocuparme en absoluto.

Afortunadamente, ése es el regalo de la genial pereza. Te permite preocuparte. Te permite conocerte a ti misma y ser tú misma, ser real. No tienes que ser perfecta y no tienes que rendirte. Simplemente llegas a ser tú misma.

Deja de intentar lo que no importa, pero no tengas miedo de intentar lo que sí te importa.

Porque es importante.

## El esfuerzo no es lo único real

Nuestra cultura está obsesionada con ser real, pero utilizamos la vara de medir equivocada.

Mientras escribo estas palabras, mi hijo mediano está en casa con un virus estomacal, y él y mi hija están viendo la televisión porque estoy cansada de hablar con ellos. No me he duchado en un par de días y me he peleado con mi marido. Si lo compartiera en Instagram, podrías pensar que me adoras por ser tan real.

> **Estoy a favor de dejar de lado la perfección, pero de alguna manera hemos confundido el orden con ser falsos.**

Pero ¿qué pasaría si compartiera en las redes sociales un día en el que mis hijos y yo jugamos al fútbol al aire libre, la cena está preparada a las cuatro en punto y me he maquillado? ¿Seguiría siendo real?

Sí, lo sería, y tú también.

Estoy a favor de dejar de lado la perfección, pero de alguna manera hemos confundido el orden con ser falsos. Yo también lo hago. He visto a una madre guapa empujando un carrito de un niño dócil y cargando artículos de Joanna Gaines a precio completo en Target y he pensado: «Claro, tiene el vientre plano, sus hijos comen pepinos en lugar de galletas saladas con forma de pez, y compra todo lo que quiero yo, pero probablemente tenga un trastorno alimentario y una deuda en la tarjeta de crédito, así que estoy bien».[3]

Quiero dejar de juzgar a las mujeres que lo tienen todo, asumiendo que tienen algo que ocultar. Quiero dejar de aplaudir el caos como único indicador de vulnerabilidad.

Tus luchas e inseguridades no están alineadas junto a las mías, al estilo de un concurso. Tenemos que dejar de intentar «superarnos» unas a otras. Esa vida es la razón por la que tú y yo estamos cansadas, y podemos dejarla de lado.

Así que la próxima vez que te encuentres buscando fallos en personas aparentemente perfectas, esperando que eso te haga sentir mejor, no lo hagas. Decirte a ti misma que eres mejor que alguien es tan dañino como decirte que eres peor. No podemos medir la autenticidad de una persona basándonos en cuán real es su lucha. Esa escala está rota.

En su lugar, invita a la gente cuando tu casa esté limpia y también cuando esté sucia. Sé una madre increíble que a veces les grita a sus hijos. Disfruta de un batido verde sin sentir la necesidad de renunciar a los dulces para siempre.

Puedes ser real cuando la vida está en orden y cuando se está desmoronando. La vida es hermosamente ambas cosas.

## Sé genial en las cosas que importan

Puede que no te conozca personalmente, pero sé esto: te preocupas por una vida significativa. Todos lo hacemos. Forma parte del ser humano. Y en esta cultura de soluciones rápidas y atajos, es natural pensar que el objetivo es lo fácil. Pero no puedes atajar para tener una vida significativa.

---

3. Si este libro pudiera reproducir animaciones GIF, Jennifer Lawrence estaría poniendo los ojos en blanco ahora mismo.

No debes elegir entre ser genial o perezosa; en cambio, puedes vivir la genial pereza.

Hace un par de años, hice un episodio en *The Lazy Genius Podcast* sobre hornear pan. Recibí docenas de comentarios del tipo «eso no suena muy perezoso». Por supuesto que no es algo perezoso. El pan casero me importa. Mezclar y amasar la masa a mano, pasar una tarde viéndola crecer y participar en una práctica que ha sido parte de la humanidad durante siglos..., ¿por qué querría atajar eso? Pero si el pan casero no te importa, la elección es fácil. Ataja, compra el pan hecho y que tengas un buen día.

Los principios de la genial pereza te ayudarán a aprender no sólo lo que necesita un atajo, sino también cómo crear uno. Te enseñarán cómo darte cuenta de lo que importa y cómo crear un espacio importante en tu día a día para fomentar el crecimiento en esas áreas.

Recuerda, no todo es genial y no todo es pereza. Tienes la oportunidad de elegir. Si tú y yo nos ocupamos de todas las prioridades sin un filtro que establezca qué podemos dejar a un lado y qué podemos continuar, finalmente nos veremos en una encrucijada: nos haremos pedazos preocupándonos por todo o nos rendiremos y no nos preocuparemos por nada.

*El camino del perezoso genial* ofrece un recorrido diferente: sé un genio con las cosas que importan y una perezosa con las que no. Tienes permiso para dejar cosas de lado, preguntarte e ir despacio o para desear, apresurarte y poder conseguirlo. Elijas lo que elijas, asegúrate de estar concentrada en lo que te importa, no en lo que le importa a Instagram, a tu suegra o a la voz en tu cabeza que te dice que lo que haces no es suficiente.

Toda elección es importante porque cada una de ellas le importa a alguien, pero tú quédate sólo con las que te importan a ti. Si vives como una persona única, impresionante y poderosa, que acepta lo que importa y abandona lo que no, empoderarás a las mujeres de tu vida para que hagan lo mismo.

Me alegro de que estemos juntas en esto.

## RECUERDA

- La perfección te mantiene escondida de forma segura, pero también evita que te conozcan de verdad.
- El orden no siempre es falso y el caos no siempre es vulnerable.
- Sé un genio con las cosas que importan y una perezosa con las que no.
- Sigue una receta la primera vez que prepares tostadas francesas rellenas.

### UN PEQUEÑO PASO

Sonríe a la guapa desconocida de Target sin juzgarla ni juzgarte a ti misma. Ambas sabemos que hoy irás a Target, así que tendrás tu oportunidad.

Ahora veamos nuestro primer principio.

# DECIDIR UNA VEZ

## Principio de la genial pereza # 1

No estoy abriendo camino con esta declaración, pero yo solía odiar los lunes.

A veces me acercaba a ellos con una actitud perezosa de «pase lo que pase, pasa» y luego lloraba frente a mi taza de café frío mientras los eventos ocurrían a mi alrededor.

Otros lunes tenían una dosis de genio decidido. Pasaba la noche del domingo escribiendo obsesivamente en mi agenda más reciente, organizaba cada comida que haría, cada vaso de agua que consumiría, cada recado que haría y un versículo bíblico que recitaría cada hora, sólo para después no hacer básicamente nada.

Los lunes perezosos no funcionaban porque no sabía qué hacer, y los lunes geniales no funcionaban porque me imponía demasiadas cosas que hacer.[1]

Luego vi que podían existir los lunes perezosamente geniales (y muchos otros desafíos) a partir de nuestro primer principio: decide una vez.

## La manera más fácil de dar un descanso a tu cerebro

La investigación al respecto es variada y probablemente difícil de articular de todos modos, pero tomamos muchas decisio-

---

1. Ambos tipos de lunes a menudo incluían muchas galletas Oreo.

nes. Me gusta mucho. La toma de decisiones constante es una de las razones por las que no tienes energía para las cosas que te importan. Descubrir algunas oportunidades para decidir una vez y nunca más le da a tu cerebro más espacio para jugar.

Puedes pensar que tomar decisiones preventivas es algo automático, pero la automatización te convierte en un robot sólo si lo automatizas todo. Tomar decisiones únicas sobre lo que no importa para que tengas espacio en el cerebro para lo que sí importa es *El camino del perezoso genial*, y experimentarás los beneficios de inmediato.

## Cómo llegué a los lunes perezosamente geniales mediante la técnica de decidir una vez

Odiaba la presión de los lunes porque sentía que cada decisión reseteaba mi existencia. De repente, nadie en mi familia sabía qué era arriba y abajo, no distinguían el desayuno de la cena o cuál era el atuendo escolar apropiado. Esas incertidumbres podían aceptarse en un sábado relajado, pero no en un lunes cuya principal necesidad era ser productiva.

Como el día en sí no iba a ninguna parte, tuve que cambiar la manera en que lo abordaba y comencé por mi atuendo. Elegir qué ponerme en realidad requiere sólo una pizca de pensamiento, pero de todos modos es una astilla clavada, así que una vez decidí cuál sería mi uniforme de los lunes y nunca más miré hacia atrás. Con la mano en el corazón, puedo asegurarte que he llevo poniéndome la misma ropa todos los lunes desde hace más de tres años.[2]

---

2. El uniforme es todo negro y de mezclilla. El uniforme para clima frío: vaqueros negros y camisa de *cambray*. El uniforme para clima templado: camiseta negra y vaqueros. El uniforme para clima cálido: camiseta negra y pantalones vaqueros cortos.

Sentí el impacto inmediato de esa decisión y quería más. Con el tiempo, seguí decidiendo una sola vez: a qué hora me levantaría, qué haría a primera hora de la mañana, qué cenaríamos esa noche. Y continúo añadiendo ítems a la lista según mi etapa actual de la vida.

Ahora adoro los lunes porque todas esas decisiones fijas me proporcionan un hermoso comienzo del día y, por lo tanto, de la semana. Decidir una sola vez de manera constante en lugar de distraerme con todas las decisiones que debo tomar me da tiempo para involucrarme en lo que importa. Tengo un margen para hacer el trabajo que me gusta, leer, escuchar música y ser paciente con mis hijos mientras se adaptan a una nueva semana de clases.

Parece una locura que una sola decisión tomada una vez pueda tener tal impacto, pero eso es lo que lo que tiene *El camino del perezoso genial*.

## Cuando ya existen las decisiones fijas

Es posible que ni siquiera te hayas dado cuenta de que estás rodeado de decisiones fijas:

- Menús económicos de comida rápida. Los peces gordos decidieron una vez qué constituye una comida y le pusieron un número delante para que todo lo que tienes que hacer sea decir «un número dos con una Coca-Cola Light».
- Películas de Netflix en tu bandeja de entrada. En el modelo original, marcabas las películas que querías ver en una lista y Netflix te enviaba la siguiente para que no tuvieras que decidir qué ver a continuación.
- Liturgia de la Iglesia. Las lecturas receptivas, la comunión y la bendición son decisiones fijas que te ayudan a participar en la historia de Cristo durante el servicio de adoración del domingo por la mañana.

Decidir una vez puede venirte hecho, pero el poder llega cuando decides una vez por ti misma.

Aquí hay una sorpresa: cada artículo que posees es una decisión fija. Cuando compras una camisa, un nuevo juego de bolígrafos o una garrafa galón de aceite de oliva de Costco, tu elección de comprarlo también es una opción para utilizarlo, almacenarlo y cuidarlo.

Sin embargo, cuando no mantienes esa elección y dejas la camisa en la bolsa, los bolígrafos en un cajón del escritorio que nunca abres y la garrafa de aceite de oliva en el suelo de la despensa porque es demasiado grande para el estante, aumentas el desorden y el ruido en tu vida, no la facilidad y el margen que pueden ofrecer las decisiones fijas.

**Cada artículo que posees es una decisión fija.**

Lo importante, entonces, es tomar buenas decisiones fijas, que agregarán valor a tu vida en lugar de quitárselo. Decide una sola vez, a propósito, sobre todo, desde los artículos de tu armario hasta lo que escribes en tu agenda. Una sola decisión intencionada alivia tu cerebro del esfuerzo, lo que lo libera para pensar en lo que te importa en lugar de vivir atrapada en el ciclo de elegir esto y aquello una y otra vez.

Las posibilidades son infinitas, pero no necesitas infinitas. Afloja tu control sobre la toma de treinta y siete decisiones al final de este capítulo, treinta y seis de las cuales olvidarás mañana. Simplemente busca una idea que funcione en este momento.

Repasemos algunos ejemplos de aplicaciones en la vida de cómo decidir una sola vez.

## Decidir regalos una sola vez

En teoría, probablemente te encantará la idea de hacer regalos. Oh, serás generosa en espíritu y en tu elección del papel de regalo *premium*. Pero, si somos realistas, es un verdadero fastidio. Ya tienes dificultades para lograr lo que está en tu lista de tareas habituales, por lo que cuando surgen repentinamente situaciones en las que debes hacer un obsequio, sientes una punzada de resentimiento por tener que ocuparte de una cosa más. Claro, ese pensamiento resulta repugnante, pero la verdad es que no nos molesta hacer regalos; nos molesta no tener el margen para ser más reflexivos sobre el proceso.

Podrías profundizar en el conocimiento de todas las personas de tu vida y hacer una lista exhaustiva de sus gustos y disgustos, crear una hoja de cálculo de todos los posibles escenarios de regalos para el próximo año y hacer tus compras navideñas en abril. Si eso no te hace sentir que vives en una ciudad loca, hazlo.

Afortunadamente, la genial pereza es mucho más simple. Exploremos algunos escenarios comunes.

### Regalos para profesores

Si tienes hijos, es probable que tengan maestros, y ahora tienes muchas oportunidades de estar estresada por tener que hacerles regalos. El Día de Agradecimiento a los Maestros, Navidad y el último día de clases son los tres grandes momentos. Multiplica ese número por la cantidad de hijos que tienes y ¡guau! es un circo de tarjetas de regalo de Starbucks de último momento y de exfoliantes de azúcar caseros para los que no tienes tiempo.

En cambio, decide una vez. Elige ahora lo que regalarás a cada maestro para cada ocasión. Para Navidad, un libro.[3] Para el Día de Agradecimiento al Maestro, doy una tarjeta de regalo de Target. Para el último día de clases, escribo una sincera nota

---

3. *Cozy Minimalist Home*, de Myquillyn Smith, es mi elección actual.

de agradecimiento, posiblemente acompañada de un dibujo o una nota de mi hijo. Obviamente, no estás restringida a repetir mis opciones. Puedes elegir las tuyas.

Y, oye, puedo sentir tu tensión. Suena como la mejor idea de todos los tiempos, pero también como si no tuvieras alma si realmente lo haces. Olvídate de eso. Al pensar con anticipación intencionada en lo que sería un gran regalo, te evitas sentirte estresada y resentida y estar a merced de cualquier taza de café con forma de garrafa que Target tenga en *stock*.

Toma la decisión de una vez por todas.

### Regalos de cumpleaños para los amigos y amigas de tus hijos

Las dos preguntas que siempre hago cuando recibimos una invitación a una fiesta de cumpleaños son: «¿Tengo que ir yo también?» y «¿Debemos llevar un regalo?».

La pregunta del regalo no significa que sea Ebenezer Scrooge.[4] Más bien estoy pensando en todas las preguntas que plantea el regalo potencial: ¿Estoy contribuyendo con el desorden a una casa que no es mía? ¿Estoy desperdiciando mi energía buscando un regalo cuando estoy volando a ciegas en lo que le gusta al niño? ¿Estoy simplemente siguiendo los movimientos de una expectativa cultural que tiene sus raíces en el materialismo y el consumismo? ¿Y dónde está mi cabaña en el bosque?

Cada vez que un niño al azar necesite un regalo de cumpleaños, compra el mismo: un rompecabezas, un libro, materiales de arte, una tarjeta de regalo. Mi juguetería local tiene un catálogo, y podría meter una tarjeta de regalo dentro para que el niño se divierta eligiendo algo que quiera.

Independientemente de lo que decida, el punto es decidir una vez. No te estreses cuando llega la invitación; ya sabes qué comprar.

---

4. Ebenezer Scrooge es el personaje principal de la novela de 1843 *Cuento de Navidad*, de Charles Dickens. *(N. del T.)*

## Regalos para miembros de la familia

Es posible que te resulte más fácil elegir regalos para personas que conoces bien, pero aún tienes oportunidades para decidir una vez. El popular «algo que quieras, algo que necesitas, algo para ponerte, algo para leer» es tu propia forma de decidir una vez al comprar regalos para tus seres queridos. Si límites como ése ayudan, utilízalos.

Me gusta comprarle un libro a mi padrastro todos los años porque le gusta leer, pero no siempre busca libros por su cuenta, especialmente cuando hay un periódico cerca. El libro cambia, pero el regalo en sí es una decisión fija. Mi hermana pequeña es una experta en productos de belleza, por lo que mi nueva decisión fija es siempre regalarle algún tipo de producto para el cuidado de la piel que tal vez no obtenga ella misma.[5]

## Regalos de boda y baby shower[6]

La decisión ya ha sido tomada por ti: se llama «lista de regalos». El destinatario te muestra exactamente lo que quiere. Algunas personas piensan que comprar a partir de una lista es impersonal, pero también lo es hacer una imposición adicional…, que es lo que será devolver tu regalo. Siento tu ofensa desde aquí, y no digo que seas una persona detestable porque compras algo con un toque más personal.

Equilibra tu regalo de lista impersonal con algo personal. Para un *baby shower*, compra ese pijama e incluye el libro favorito de tus hijos cuando eran pequeños. Para una lista de bodas, compra los tazones que eligió la pareja y comparte algunas recetas escritas a mano de tus cosas favoritas para poner en esos tazones, tal vez envueltas en un bonito paño de cocina que creas que les gustará.

---

5. Lo siento, Hannah, alerta de *spoiler*.

6. Término importado de Estados Unidos que hace referencia a una fiesta que se celebra 1 o 2 meses antes de la llegada de un bebé. *(N. del T.)*

## Decidir una vez qué vestir

Ya he mencionado mi uniforme de los lunes. Vestirme un lunes siempre me resultaba estresante simplemente porque no quería tomar una decisión adicional, razón por la cual mi uniforme del lunes ha sido un regalo.

De hecho, he tenido la tentación de ir más lejos después de escuchar una historia sobre un tipo que tiene un uniforme diario. Encontró su par de pantalones perfecto y compró tres. Encontró su camiseta negra perfecta y compró siete. Usa el mismo par de zapatos negros hasta que se deshacen y luego compra otro como reemplazo. Este hombre incluso tiene múltiples piezas de ropa interior y calcetines favoritos, todos en negro.

Sus posibilidades de atuendo son maravillosamente limitadas, y yo estoy muy a favor de eso. Es comprensible que decidir una vez hasta ese extremo parezca exagerado. Pero también es hermoso. Este chico decidió qué le gusta ponerse y lo utiliza todos los días. La energía mental necesaria para vestirse cada mañana es inexistente. Esa decisión incluso se extiende a cómo lava la ropa, cómo y dónde guarda su ropa, cómo hace la maleta para un viaje y cómo ajusta su ropa según el clima.

No es necesario que utilices lo mismo todos los días para ver los beneficios de cómo una decisión fija puede generar más.

Por ejemplo, vestirse para una boda. ¿Qué pasa si eliges dos vestidos, uno para el clima cálido y otro para el frío? No te preguntarás si estarás cómoda o si tendrás que usar Spanx.[7] Puedes elegir vestidos que se puedan llevar de manera elegante o informal, según los requerimientos de la boda, y adaptar las opciones de calzado y joyas.

Ahora escúchame. No estoy diciendo que debas tener sólo dos vestidos y toda la ropa negra o, Dios no lo quiera, que no debes tener zapatos superfluos. Ésa no es la cuestión.

---

7. Marca de fajas reductoras de abdomen. *(N. del T.)*

La cuestión es que tienes la oportunidad de tomar decisiones fijas en áreas de tu vida que sientes estresantes. ¿Te encanta vestirte elegante para una boda porque normalmente llevas vaqueros y una camiseta? Por supuesto, tómate tu tiempo para decidir entre un millón de opciones si te brinda una alegría genuina.

Decide qué ponerte una vez sólo si te funciona.

## ¿VALE LA PENA CONSULTAR UN CATÁLOGO DE CONJUNTOS?[8]

Un catálogo de conjuntos no es para todo el mundo, pero aquí es donde el concepto nos ayuda a todos: cada artículo que tienes es una decisión fija.

Cuando compras algo, estás decidiendo que vale la pena elegir algo una y otra vez. Estás decidiendo darle espacio, en tu armario y en tu mente.

Si tu armario está lleno de artículos que no vale la pena elegir, éstos le quitan espacio a los artículos que te importan y que te hacen sentir como tú misma.

Mantén en tu armario sólo las decisiones fijas que te hagan feliz, sin importar cuántos artículos tengas o cómo combinen.

---

8. Un «*Capsule wardrobe*» (catálogo de conjuntos) es un término que nació en los años cincuenta en Estados Unidos y que se refiere a catálogos de fotografías de distintas combinaciones de prendas de vestir diseñadas para usarse juntas porque armonizan el color y la forma. *(N. del T.)*

## Decide una vez lo que comes

La hora de la comida es otra oportunidad para decidir una vez. A pesar de las tostadas francesas rellenas, me encanta cocinar, pasar tiempo en la cocina. Alimentar a las personas es importante para mí, pero eso no significa que no me produzca estrés.

En lugar de ser una perezosa sin ningún plan o todo un genio equiparable a un robot de cocina, adopto la postura de la genial pereza al hacer que las partes estresantes sean más fáciles con algunas decisiones fijas. Me encantaría compartir contigo algunas de mis ideas.

### Utiliza los mismos ingredientes

Mi mayor factor de estrés son las opciones aparentemente ilimitadas. Quiero cada ingrediente, cada nuevo libro de cocina y el tiempo para hacer cada nueva receta que pueda encontrar. Ah, y quiero niños que se coman el plato entero sin quejarse, aunque las probabilidades son escasas.

En lugar de estar a merced de las infinitas posibilidades y de mis hijos, que se consideran críticos gastronómicos, decidí una vez que cocinaría sólo con una lista fija de ingredientes. Por ejemplo, el único pescado que comemos es el salmón. Por ahora, nos saltamos los mariscos. En cuanto a las verduras, comemos zanahorias, patatas, judías verdes, maíz y algunas otras, pero actualmente pasamos de las alcachofas, los puerros y las calabazas. Ciertos alimentos[9] de la lista a menudo se rechazan en la mesa, pero eso no sorprende a nadie. A medida que mis hijos amplíen sus paladares y yo encuentre más margen en la cocina y en el presupuesto, ampliaré la lista.

Y recuerda, no limito mi lista de ingredientes porque odie la comida. La amo profundamente, quizá más de lo que un humano debería amar una colección de objetos inanimados. Y como me encanta, quiero que mi experiencia en la cocina, especialmente

---

9. Por «ciertos alimentos», claramente me refiero a los verdes.

en esta Etapa de Humanos Diminutos, sea lo más agradable posible. Limitar mis ingredientes hace eso por mí.

Bonus: hacer que mi lista de ingredientes sea una decisión fija también ha facilitado otras decisiones. Elegir nuevas recetas es muy fácil porque omito las que tienen ingredientes que no están en mi lista. Comprar es muy sencillo porque compro las mismas cosas una y otra vez. Guardar los comestibles es muy simple porque no tengo que dejar espacio para artículos desconocidos.

Decidir una vez es muy fácil. Exploremos otras posibilidades que facilitan cocinar y comer.

## Haz la misma comida cuando venga gente a tu casa

Invitar a casa a personas nuevas puede dar miedo, así que hazlo más fácil ofreciendo la misma comida cada vez. Elige una receta que le guste a la multitud y te sientas segura de prepararla y sírvela siempre la primera vez que alguien vaya a tu casa. Ahora puedes disfrutar de ser hospitalaria en lugar de preocuparte por qué comer o cómo va a resultar. La pizza casera es mi opción personal. Me encanta ofrecérsela a los nuevos amigos porque hacerla es divertido. Además, a todo el mundo le gusta la pizza.[10]

## Crear una matriz de comidas

Una matriz de comidas es una manera de decidir una vez qué comerás en ciertos días de la semana. El lunes sin carne, el martes de tacos y el miércoles de olla eléctrica a presión son formas de decidir una vez.

En mi casa, cada semana hacemos el Lunes de Pasta, el Viernes de Pizza y el Sábado de Sobras. Mis opciones dentro de esas categorías están abiertas, pero la elección útil ya está hecha.

Lo bueno de una matriz de comidas es que es completamente personalizable. No necesitas que te diga qué decidir una vez; pue-

---

10. Sólo asegúrate de que todos puedan comer lácteos y gluten. Es triste servirle una pizza a alguien que no puede comérsela. Pregúntame cómo lo sé. (¡Lo siento, Lindsay!)

des tomar tus propias decisiones y conectarlas donde tengan sentido. No tienes que ser demasiado específica para ningún día o ni siquiera tener todos los días llenos. A mí, tres días me bastan; y quizá para ti podría funcionar mejor menos o más.

Independientemente, decidir tu matriz de comidas una vez crea un sistema de planificación de menús fácil y factible que es la combinación perfecta de pereza y genialidad.

### Optimiza las compras de comestibles

Esta sugerencia no funciona para el presupuesto de todos, pero si odias ir de compras, elige una tienda que te guste y omite las demás, sin importar lo que digan los folletos de ofertas.

Olvidamos que el tiempo y la cordura también son valiosos. Ignorarlos por el precio más bajo podría tener mayores consecuencias que ahorrar un dólar en Tater Tots.[11]

Decide una vez dónde compras.

También puedes decidir una vez que comprarás una vez a la semana, que no probarás nuevas marcas durante esta temporada ocupada de la vida o que siempre recogerás la compra con el coche y te arriesgarás a recibir un plátano magullado o dos.

## EL CAMINO DE LA GENIAL PEREZA PARA DECIDIR QUÉ HAY PARA EL ALMUERZO

- Prepara una olla de sopa el domingo para una semana de comidas.

- Prepara ensalada para varios días y métela en un frasco.

- Compra lechuga y tu queso favorito para que los sándwiches sepan realmente bien.

---

11. Marca muy conocida en EE. UU. de bolas de patata rallada rebozadas.

- Elige una comida que no tenga éxito en la cena porque los niños son quisquillosos y coméosla en su lugar para el almuerzo. Prepárala en bonitos recipientes de vidrio para que sea más divertido.

- Elige una receta fácil que seguirás preparando para el almuerzo hasta que te canses de ella. Luego elige otra. No hay necesidad de estresarse reinventando la rueda del almuerzo.

Creamos estrés innecesario al rehacer las decisiones sobre cómo compramos cada vez que necesitamos comida, así que encuentra una manera de decidir una vez y reducir el estrés.

## Decide una vez cómo limpiar

Detesto la limpieza, y sin importar si compartes mi odio, decidir una vez puede ayudar a que todo el proceso resulte manejable.

### Optimiza los productos

Cuando compras un limpiador que está en oferta, un elegante paño de microfibra o una mopa mágica que has visto en Shark Tank,[12] tomas una decisión fija para utilizar ese artículo. Si lo usas y éste agrega valor a tu vida, choca esos cinco. Si no lo utilizas, se convierte en desorden.

Las cosas son enemigas de la limpieza, y cuantas más cosas tengas, más difícil será limpiar tu casa. Irónicamente, cuando estoy descontenta con mi casa, compro cosas para hacerla más bo-

---

12. Negociando con tiburones (en inglés: *Shark Tank*) es una serie estadounidense de telerrealidad que se estrenó el 9 de agosto de 2009, en ABC.

nita o más limpia, lo que sólo empeora el problema al aumentar el desorden.[13]

Intenta comprar productos de limpieza como si fueran buenas decisiones fijas. Si compras un spray de limpieza para la cocina, utilízalo. Si compras una fregona elegante, utilízala. Si compras un cepillo de baño, limpia el inodoro con él y vive tu vida (no importa lo mágico que sea, no hará que limpiar el baño sea mejor).

Optimiza tus productos eligiendo lo mínimo para las tareas más necesarias. No te obligues a elegir entre cinco limpiadores diferentes como si estuvieras desplazándote por una fila de desinfectantes de Netflix. Coge una botella y listo. No necesitas perder el tiempo eligiendo algo cuando puedes decidir una vez.

### Optimiza tu rutina

Aspirar los jueves. Limpiar los espejos cuando quitas el polvo. Limpiar la ducha antes de salir. Limpiar el inodoro antes de ducharte porque los inodoros son asquerosos. Tu rutina de limpieza no tiene que ser elaborada, estar basada en días de la semana o incluso ser una rutina en absoluto. Decidir una vez simplifica la limpieza, punto.

Haz una pausa y piensa en las tareas de limpieza que te aburren o molestan. ¿Qué pasaría si tomaras una decisión sólo una vez para facilitar un poco el proceso?

## Decidir una vez tradiciones

Cada vez que escucho a alguien hablar sobre una tradición, como ir de vacaciones al mismo lugar todos los veranos o hacer galletas de Navidad el primer fin de semana de diciembre, me siento

---

13. Levanta la mano si tienes no menos de cuatro botellas de algún limpiador sin abrir apiñadas en un estante en algún lugar porque estaban en oferta en Target y son muy bonitas.

inspirada y también superdesanimada por no hacer ninguna de esas cosas.

Pero ¿lo adivinas? Las tradiciones son decisiones fijas. En lugar de pensar demasiado en las tradiciones como piedras de toque familiares que vivirán en la memoria durante años y años, considera que en realidad son sólo experiencias divertidas que decidisteis una vez.

Decide una vez salir a comer panqueques la noche anterior al primer día de clases. Y si a todos les gusta, hacedlo de nuevo al año siguiente. Decide una vez que pasaréis la Nochebuena mirando las luces navideñas en pijama. Decide una vez hacer un gran rompecabezas en familia después de haber cenado el Día de Acción de Gracias.

## UNA ANÉCDOTA: CUANDO LA TRADICIÓN TE ESTALLA EN LA CARA

Nuestra familia siempre se reúne para cenar cuando es el cumpleaños de alguien, y mi madre prepara la comida que le gusta a esa persona. Desde que tengo memoria, a mi hermana pequeña, Hannah, le daban camarones hervidos y salsa de cóctel como piedra angular de su cena de cumpleaños.

Era una tradición.

Años más tarde, por alguna razón olvidada, yo estaba a cargo de prepararle la cena de cumpleaños en lugar de mi madre. Le dije: «Entonces, ¿qué quieres de acompañamiento con los camarones hervidos?».

Hizo una pausa, respiró hondo y dijo: «En realidad, no me gustan los camarones».

Disculpa, ¿qué?

Décadas de recuerdos de cenas de camarones llenaron mi cabeza. Durante toda su vida, mi hermana aceptó a una tradición que ni siquiera le gustaba.

Claro, ésta podría ser una lección sobre no tener miedo de decir lo que quieres, pero es más un recordatorio para no lanzarte a decisiones fijas vestidas como tradiciones que no a todo el mundo le entusiasman. Es casi un servicio público.

PD: Ahora nuestra familia tiene una señal verbal para iniciar conversaciones que pueden hacer que todos se sientan un poco incómodos. Decimos: «Estoy en una situación de camarones».

Ponemos mucha presión sobre las tradiciones porque anhelamos la conexión que brindan, pero complicamos el camino para llegar hasta allí. Elige una vez y pruébalo.

Puede que hayas iniciado una tradición.

• • •

Ahora es el momento de decidir algo, sólo una cosa, una vez. A medida que pongas este principio en práctica, te entusiasmarás con la cantidad de energía mental que tienes para ser un genio con las cosas que importan y una perezosa con las que no.

## RECUERDA

- Limita tus decisiones tomando ciertas decisiones una vez y nunca más.
- Decidir una vez no te convierte en un robot, sino que te deja más tiempo para ser humana.
- Puedes decidir una vez en cualquier área: regalos, vestirte, preparar comidas, limpiar la casa o crear tradiciones.

### UN PEQUEÑO PASO

Nombra algo que te estresa y toma una decisión fija para que sea más fácil. Una, no treinta y siete.

Y ésta es la transición perfecta a nuestro próximo principio de genial pereza: empezar con poco. Es posible que ya hayas tomado un bolígrafo y hayas comenzado a escribir todas tus decisiones fijas, pero antes de llenar el papel, lee el siguiente capítulo.

# EMPIEZA CON POCO

## Principio de la genial pereza # 2

No soy exactamente lo que llamarías una atleta. Siempre era elegida la última para el *dodgeball* (balón prisionero), era una animadora que no podía hacer una voltereta lateral y era una calienta banquetas para mi equipo de voleibol de educación en casa.[1]

Sobre el papel, eso no es gran cosa. Todos tenemos diferentes habilidades, y las mías no implican velocidad ni coordinación ojo-mano. Intuitivamente, sabía que mi valía se basaba en algo más que en lo delgada o fuerte que fuera, pero la influencia de mi padre, que no fue maravillosa, ya lo he mencionado antes, los anuncios de televisión y las construcciones sociales de la escuela secundaria y la universidad estaban en mi contra. Las chicas delgadas y bonitas llamaban la atención. Las chicas como yo no.

Como ya expliqué anteriormente, la genial pereza se centra en las cosas que importan, y durante demasiado tiempo, gasté mucha energía en cosas que no importaban: la forma y el tamaño de mi cuerpo.

En la escuela secundaria era perezosa y me escondía. Llevaba un peto holgado y un corte de pelo atroz, ambos con la esperanza de que nadie se molestara en mirarme. Funcionó, porque

---

1. Sí, los educadores en casa tienen equipos deportivos. Jugábamos contra pequeñas escuelas cristianas y teníamos que ponernos pantalones cortos enormes porque los muslos desnudos eran escandalosos. Fue una época extraña.

la mayoría de mis amigos, chicos y chicas por igual, me apodaron «mamá».[2]

Cuando llegó el momento de ir a la universidad, cambié de dirección y traté de ser un genio con mi cuerpo. Me limité a ochocientas calorías al día. No mil ochocientas. Ochocientas. En un intento por desarrollar los músculos, fui al pabellón de deportes todos los días y utilicé las máquinas para las piernas de manera tan inadecuada que me destrocé irrevocablemente el cartílago de mis rodillas.[3] Me preguntaba constantemente si lo que hacía me hacía parecer bonita o si era sólo una chica que se esforzaba demasiado.

A pesar de que mi percepción de mi cuerpo estaba horriblemente distorsionada, ni la perezosa ni el genio me hicieron ningún favor en mis intentos de lidiar con ello. No preocuparte y preocuparte demasiado te dejan en el mismo lugar. Atascada.

## El problema de ir a lo grande o irte a casa

Podríamos estar hablando de la imagen corporal, el matrimonio o la organización del armario, pero nuestra reacción a muchos problemas es esforzarnos más o rendirnos. O dentro o fuera. Ve a lo grande o vete a casa.

Esperamos que la etapa de nuestra vida cambie por completo, que nuestros hijos crezcan, que nuestros matrimonios mejoren, que nuestros hogares sean más grandes, que nuestros cuerpos sean más pequeños. No invitamos a nadie a cenar porque nuestra casa aún no está bien, no sabemos cómo cocinar

---

2. Ahora me encanta ser madre, pero cuando tienes dieciséis años, ése es un apodo devastador para los chicos que crees que son guapos. Devastador.

3. Nunca olvidaré escuchar al médico decir, cuando yo apenas acababa de cumplir los diecinueve años: «Tienes las rodillas de una mujer de setenta». Pasé de mamá a abuela antes de los veinte años. Impresionante.

nada y no sabemos cómo poner flores en un jarrón sin que parezca que lo ha hecho un niño en edad preescolar.

No podemos hacerlo todo, así que no hacemos nada. Atascadas.

O establecemos nuevos comienzos arbitrarios como el 1 de enero para construir un sistema de la A a la Z en nuestros hogares, nuestro trabajo y nuestros cuerpos, esperando resultados inmediatos y convirtiéndonos en un completo Hulk cuando no los vemos. Y luego lo dejamos de lado y probamos la siguiente idea.

También atascadas.

Pensamos: «Bueno, tal vez no haya funcionado todavía porque no he encontrado el sistema correcto».

No. El sistema correcto es irrelevante si aún no has nombrado lo que importa y es especialmente irrelevante si descartas el valor de los pequeños pasos.

Los pequeños pasos te desatascan.

## Por qué son importantes los pequeños pasos

Probablemente pienses que los pequeños pasos son una pérdida de tiempo y, durante un tiempo, yo fui de la misma opinión. Creía que los pequeños pasos no mostraban grandes resultados con la suficiente rapidez. Los veía inútiles y frustrantes, y pensaba: «¿No debería ser lo suficientemente disciplinada para hacer más que esta cosa tan pequeña?».

Una imagen que me ayudó a verlo de manera diferente proviene del reformador social Jacob Riis: «Cuando nada parece ayudar, voy y miro a un picapedrero dando con el mazo a una roca, quizá cien veces sin que se vea ni una grieta. Sin embargo, a la ciento uno se partirá en dos, y sé que no ha sido el último golpe el que lo causó, sino todo lo que había sucedido antes».[4]

---

4. James Clear: *Atomic Habits*, Avery, Nueva York, 2018, 21.

No damos suficiente crédito a todo lo anterior, pero precisamente por eso los pequeños pasos son importantes: hacen un trabajo invisible y podemos confiar en ese proceso.

**El movimiento, no necesariamente hacia una línea de meta, es la nueva meta.**

Es probable que alguien de una generación anterior te haya dicho alguna vez: «No hay sustituto del trabajo duro» o «Si vale la pena hacer algo, vale la pena hacerlo bien». Suficientemente cierto. Pero asumimos, entonces, que si no sudamos por ello, no nos beneficiaremos. Eso se aplica al ejercicio, a lavar la ropa y a combatir la soledad. Si no trabajamos demasiado duro para que algo suceda, es mejor que nos demos por vencidas hasta que podamos hacer el esfuerzo requerido.

Puede que así sea cómo un genio se acerca a las metas y al crecimiento, pero una persona que sigue el camino de la genial pereza comienza con algo pequeño.

Los pequeños pasos son fáciles.

Los pasos fáciles son sostenibles.

Los pasos sostenibles te mantienen en movimiento.

El movimiento, no necesariamente hacia una línea de meta, es la nueva meta.

## Asegúrate de que el fin justifica los medios

Incluso si todavía eres un fanático de la línea de meta, asegúrate de que sea un objetivo que realmente te importe. ¿Alguno de estos escenarios te suena familiar?

- Crees que deberías hacer más ejercicio, pero lo haces para adelgazar porque crees que las personas delgadas tienen más valor.
- Eres una madre trabajadora y te rompes el trasero para hacer la cena en casa todas las noches porque crees que las mamás que cocinan son mejores que las mamás que no lo hacen.
- Te sientes insegura por el hecho de que nunca fuiste a la universidad, por lo que te fija metas ridículas sobre cuántos libros leerás porque crees que eso te hará más inteligente y, por lo tanto, más valiosa.

No estoy diciendo que tengas que asistir a una sesión de terapia cada vez que tomas la decisión de cambiar alguna parte de tu vida, pero si sigues intentando algo que te hace sentir en una rueda de hámster emocional, tal vez valga la pena ver primero por qué lo estás haciendo. Si tu motivación depende de algo que realmente no te importa, te cansarás de esforzarte demasiado o simplemente te detendrás de nuevo.

Da pequeños pasos hacia algo que te importa y deja de atascarte.

## Los pequeños pasos importan también cuando el fin justifica los medios

Estoy muy nerviosa y soy inflexible (mental y físicamente), y el yoga es una obviedad para una espalda dolorida y con un cerebro repleto de cafeína. Así que durante la mayor parte de mis treinta años, hice un gran esfuerzo para convertir el yoga en una parte regular de mi vida. Me importaba mi línea de meta, la atención plena y un cuerpo que no siempre estuviera tenso y dolorido. Todo lo que debía hacer era lograrlo.

Intenté eso de «Voy a hacer yoga durante treinta minutos cuatro veces a la semana», pero nunca lo cumplí. Para encontrar mi camino, descargué aplicaciones. Compré la esterilla y los bloques y la camiseta de entrenamiento color berenjena. Tenía listas de verificación y alarmas telefónicas. Incluso compré un bono para diez clases de *hot* yoga.[5]

Nada funcionó. No podía hacer cuatro sesiones de yoga de treinta minutos por semana, sin importar cuánto lo intentara, y fue más que frustrante. ¡Quería aprender yoga! ¡Mi razón realmente importaba! ¡Nadie me estaba obligando! ¿Por qué era tan difícil?

Porque era demasiado grande.

Incluso si te mueves hacia una meta que sí te importa, los pequeños pasos siguen siendo tu mejor opción porque realmente te moverás. Si, por el contrario, te presionas demasiado con un sistema grande, dedicarás más tiempo a ocuparte de su mantenimiento que a ganar impulso.

Una vida con sentido no se consigue de una sola vez, sino mediante pequeñas decisiones intencionadas día tras día. Consiste en estar alerta y dedicarte. Los atajos no siempre funcionan y los grandes sistemas son incluso menos efectivos.

Los pequeños pasos importan y son más fáciles de seguir.

## Cuando sientes que los pequeños pasos son ridículos

El 1 de enero del año pasado pensé en mis metas de la misma manera que lo hace todo estadounidense de sangre roja al comienzo de un nuevo año, y supe que mi enfoque hacia el yoga tenía que ser diferente al anterior. Si quería practicar yoga de manera regular, debía empezar tan poco a poco que me resultaba vergonzoso.

---

5. Si quieres sentir que no tienes control sobre tu vida, comienza tu gran experiencia en el yoga con una clase de *hot* yoga, en la que sudas como un estibador portuario durante noventa minutos y luego no puedes conducir a casa porque sientes que tus piernas se van a romper de un momento a otro. Es superdivertido.

¿Mi compromiso? Una postura del perro al día. Sólo una.

Si no estás familiarizado con el yoga, la del perro es una postura en la que las manos y los pies están colocados (idealmente) planos en el suelo y el trasero está elevado. Así es como harías la letra A con tu cuerpo en un juego de adivinanzas. Y con la excepción de la postura del cadáver (mediante la cual te acuestas en el suelo como una persona muerta), se trata de la postura de yoga más fácil que existe.

Todos los días, hacía una postura de perro hacia abajo. Me inclinaba, ponía las manos en el suelo y elevaba el trasero, mantenía la pose durante un par de respiraciones profundas y luego me levantaba. ¡Hecho!

Obviamente, me sentía como una idiota en aquella aventura ridículamente de bajo riesgo, pero estaba decidida a aguantar para ver si con ese enfoque realmente podía conseguir algo. Actuar a lo grande no había funcionado, así que quizá hacerlo a lo pequeño sí lo haría.

Durante un tiempo, la respuesta, al menos desde la perspectiva de los resultados, fue un rotundo no. No me volví automáticamente más flexible y no era en absoluto lo que llamarías Zen. Aun así, mi rutina era demasiado pequeña para dejarla, así que no lo hice.

Gran victoria.

Hacía la postura por la mañana o antes de acostarme si me había olvidado de hacerla antes, y en ocasiones, lo hacía ambas veces. De vez en cuando, hacía un saludo al sol completo (una conexión de una docena de posturas que incluye un perro hacia abajo), que aún no me ocupaba más de quince segundos.

Después de unos cuatro meses, había construido gradualmente sobre ese primer pequeño paso y ahora hacía yoga tal vez treinta segundos al día.

Repito: treinta segundos al día.

Claro, si lo pensaba desde la perspectiva de un genio, todo me parecía una tontería. Qué estupidez pensar que treinta segundos de yoga significan algo. Afortunadamente, tenía una perspectiva de genial pereza que era mucho más alentadora. Había desarrollado un hábito diario de yoga y, a pesar de que sólo duraba el tiempo que duraba un anuncio televisivo de cerveza, estaba realmente orgullosa.

Me movía en la dirección de algo que siempre había querido. Los pequeños pasos estaban funcionando.

## ¿Los pequeños pasos cuentan realmente?

La entusiasta de Internet Bri McKoy no tenía muchas tardes para sentarse a leer un libro, pero aún quería que la lectura fuera parte de su vida diaria. En lugar de forzar grandes períodos de tiempo cuando no los tenía, comenzó poco a poco, leyendo durante diez minutos al día antes de preparar la cena. Sólo diez minutos. A menudo, eso no es suficiente para terminar un capítulo, pero sabía que era un paso pequeño y factible que la convertiría en lectora. No te conviertas en una lectora…, sé una. Podrías pensar que si no construyes a lo grande, no cuenta. No puedo decir que hago yoga todos los días cuando sólo hago una postura, ¿verdad? Sí, puedo, y tú también puedes decirlo sobre cualquier paso que decidas dar.

Cuanto menor sea el paso, es más probable que lo hagas. Cuanto más lo hagas, más seguirás haciéndolo, convirtiéndolo en una parte significativa de tu ritmo diario, que es lo que cuenta.

Sí, hago yoga. Sí, Bri es una lectora. Sí, puedes estar orgullosa de tu objetivo incluso si estás dando pequeños pasos.

Ahora, si camino alrededor de la manzana todos los días, ¿puedo llamarme corredora de maratón? No, porque nunca he corrido un maratón. Por eso es importante seguir la genial pereza y centrarte en lo que te importa.

Si quieres llamarte pintora pero tu meta mental es ser dueña de un estudio o ganarte la vida con tu trabajo, estás centrándote en el objetivo equivocado. No es necesario ser una profesional, sólo sé una persona que pinta.

Cuando empiezas a lo grande, nunca puedes llegar a ser lo suficientemente grande. Si piensas que lo grande es la única medida que cuenta, seguirás cambiando las apuestas y moviendo la línea de meta.

Abraza la genial pereza y el poder de los pequeños pasos. Importan, cuentan y son la mejor manera de empezar a moverse.

## Cuando la roca se rompe por fin

A los catorce meses de mi pequeña práctica diaria de yoga, todo lo que tenía que mostrar era sólo eso: una pequeña práctica diaria de yoga. Me sentía un poquito más flexible y me gustaba la sensación de que mi espalda crujiera cuando estiraba los brazos por la mañana, pero no podía sostenerme cabeza abajo ni mis pantorrillas resistían la postura del loto. Era normal y todavía no podía poner los pies completamente planos en el suelo cuando hacía el perro hacia abajo. La letra A de mis adivinanzas corporales siempre estaba un poco torcida.

Luego, una noche, mientras hacía yoga antes de acostarme, comencé con el saludo al sol y me di cuenta de que algo había cambiado. De repente, podía poner los pies planos en el suelo durante la postura del perro hacia abajo. Podía sostener la plancha baja (que es básicamente una flexión en la que no haces la flexión) durante cinco sólidos segundos y sin temblar. Estaba en el flujo en el que quieres estar con el yoga. De repente, mi respiración coincidía con mis movimientos de manera natural, sin que tuviera que pensar en ello. Fue una noche de sábado muy divertida.

Con diligencia había dado paso tras paso increíblemente pequeño durante catorce meses. Catorce meses. En el pasado, si no veía resultados en catorce días, solía renunciar. Y la gran ironía es que progresé, no sólo en mi compromiso con una práctica diaria de yoga, sino también en la práctica física en sí misma, y no necesité cuatro horas de yoga semanales para llegar hasta allí. Simplemente di el mismo pequeño paso día tras día.

Prefiero dar el mismo pequeño paso todos los días durante catorce meses y experimentar lo que importa que ir a lo grande y quedarme estancada.

Si quieres ser un genio en lo que importa y una perezosa en lo que no importa, debes dar pequeños pasos.

Los pequeños pasos son fáciles.

Los pequeños pasos son sostenibles.

Los pequeños pasos te ayudan a moverte, que es la mitad de la batalla, considerando que tus otras opciones son esforzarte más o rendirte.

Cuanto más pequeño sea el paso, es más probable que lo des y más a menudo te involucrarás en lo que te importa.

A medida que observes los efectos de una opción, comenzarás a notar el poder de las opciones individuales. Una elección marca definitivamente la diferencia en tu día y, como lo experimentó el picapedrero, los días llenos de elecciones singulares marcan la diferencia en tu vida.

## FORMAS PRÁCTICAS DE COMENZAR CON POCO

¿Quieres tomar vitaminas todos los días? Pon el frasco en la encimera cada mañana.

¿Quieres cocinar la cena todas las noches? Empieza por hacerlo los martes.

¿Quieres desarrollar una rutina de limpieza? Limpia la encimera de la cocina todas las noches antes de acostarte.

¿Quieres caminar más a menudo? Deja las zapatillas deportivas junto a la puerta como recordatorio.

¿Quieres tener un negocio próspero? Comunícate con un cliente potencial al día.

¿Quieres sentirte como una persona? ¿Quieres recordar la verdad de quién eres? Dedica un minuto cada día a respirar profundamente frente a la ventana.

## RECUERDA

- No preocuparse y preocuparse demasiado te dejan atascada, pero los pequeños pasos te ayudan a moverte.
- El objetivo es el movimiento en lugar de una línea de meta.
- Los pequeños pasos son fáciles; los pasos fáciles son sostenibles; los pasos sostenibles en realidad van a alguna parte.
- Pequeño no significa desperdicio: todas esas opciones individuales se suman.

### UN PEQUEÑO PASO

Nombra un área de tu vida que sea importante, pero que a menudo se lleva la peor parte. Elige un paso vergonzosamente pequeño que puedas dar para avanzar en esa área, y luego hazlo todos los días. No es un desperdicio porque todavía sigues en movimiento.

Los pequeños pasos te enseñan a abrazar el poder de las elecciones únicas, y nuestro siguiente principio es la elección única más fácil y transformadora que puedes hacer.

# HAZ LA PREGUNTA MÁGICA

## Principio de la genial pereza # 3

as horas después de la escuela son brutales. (¿Puedo recibir un «amén»?). Inevitablemente, la recogida en la escuela ocurre cuando un hermano menor está durmiendo la siesta. Después de la recogida, todos tienen hambre y están de mal humor, tienes que ser una directora de crucero divertida para las tareas no deseadas, el sol brilla (importante para la energía y la vitamina D, pero no es útil para tratar de hacer los deberes de sumas y restas), tienes que preparar la cena, y todo lo que quieres es echarte una siesta.

Sabes que viene. El frenesí después de la escuela no debería ser una sorpresa, pero aun así te pilla desprevenida.

Algunos días me inclinaba por la actitud perezosa y dejaba que sucediera la locura. El caos reinante era total, y encontraba consuelo gritándoles a mis hijos y consumiendo un montón de galletas Oreo.

Los días de genio no eran mucho mejores. Hacía planes para todo excepto para ser flexible, que es posiblemente el elemento más preciado en la caja de herramientas de una madre, y perdía la cabeza cuando algo no sucedía de acuerdo a mi horario cuidadosamente elaborado.

La pereza o el genio por sí solos no eran suficientes; para cuando mi esposo llegaba a casa del trabajo, por lo general parecía que yo había salido del lado equivocado de una invasión zombi.

Así era, al menos, antes de que la Pregunta Mágica se convirtiera en una parte regular de mi vida.

La Pregunta Mágica, en pocas palabras, es la siguiente: ¿Qué puedo hacer ahora para hacerme la vida más fácil en el futuro?

## Atención a lo necesario antes de que sea urgente

No usar la Pregunta Mágica es como jugar al Whac-A-Mole.[1]

En el Whac-A-Mole, respondes a lo urgente. Aparece a la vista la cara marrón y arrugada de un topo y te concentras en golpearla. Pero mientras te ocupas de ese topo, aparece otro. Pronto, estarás golpeando a la máquina al azar y esperando lo mejor.

Te asusta lo familiar que suena, ¿no? Te sientes enloquecer porque todo sucede a la vez: todo el mundo te necesita en ese momento, la secadora zumba, el coche se ha quedado sin gasolina, la hoja de permiso para la excursión del niño está pendiente de firmar y todavía no has decidido qué harás para cenar.

La Pregunta Mágica es más como jugar al dominó. Y con esto me refiero a colocar las fichas en una fila para que caigan una por una.[2] Piensa en la Pregunta Mágica como en la primera ficha de dominó de la fila. Pregúntate: ¿Qué puedo hacer ahora para facilitarme la vida en el futuro? Y sigue adelante con esa única cosa. En lugar de responder al siguiente problema urgente que surge, toma una decisión simple, que lleva a otra, y las decisiones a las que te enfrentas comenzarán a caer en un orden más predecible.

Recuerda, la genial pereza comienza con algo pequeño.

---

1. Juego popular de origen japonés que consiste en una caja plana con un área de juego, una pantalla de puntuación y un mazo grande y suave. Cinco agujeros en la parte superior de la caja plana esconden pequeños topos de plástico que aparecen al azar. Los puntos se obtienen golpeando cada topo tal como aparece. Cuanto más rápida sea la reacción, mayor será la puntuación. (N. del T.)

2. Me han dicho que hay un juego real con puntuación y todo, pero vivo con niños de primaria. Sólo tenemos fichas de dominó para derribarlas.

No necesitas abordar una docena de tareas para prepararte para más adelante; empieza por una.

Podrías pensar que más es mejor, pero te equivocarías. Cuando añades más cosas al problema, tratas de eliminar por completo lo urgente, lo cual es cómicamente imposible. En cambio, tu objetivo es mantenerte un paso por delante para no apagar incendios como parte de tu ritmo diario. Todos nos hemos quemado muchas veces y lo haremos de nuevo, pero podemos estar mejor preparados si hacemos esa Pregunta Mágica: ¿Qué puedo hacer ahora para hacerme la vida más fácil en el futuro?

Una vez que empieces a preguntártelo, no querrás parar nunca. Veamos algunas maneras con las que puedes cambiar tu vida con esta simple pregunta.

## Caso de estudio de la Pregunta Mágica # 1: después de la escuela

*¿Qué puedo hacer ahora para facilitar el horario extraescolar más adelante?*

Mi respuesta favorita es una fuente de bocadillos. Antes de salir para ir a buscar a mis hijos a la escuela primaria, saco una bandeja y apilo en ella cualquier alimento que pueda encontrar. Galletas, palitos de zanahoria, rodajas de pepperoni, uvas, una gran galleta con trocitos de chocolate partida en trozos... cualquier cosa que tenga. Dejo el plato sobre la mesa de la cocina y es como un faro de luz cuando llegamos a casa.

La singular elección de un plato de aperitivos inicia un feliz efecto dominó durante toda la tarde. En lugar de ejercitar tus habilidades de debate sobre por qué los sándwiches de helado no deben considerarse una fruta, mis hijos tienen una fuente de diferentes alimentos que pueden elegir comer o no comer sin discutir. Están más ansiosos por guardar sus mochilas y lavarse las manos porque no quieren la última opción de los trozos de galleta con chispas de chocolate. Nos conectamos con clementinas y dados de queso, lo que les ayuda a instalarse en la comodidad del hogar después de un día vertiginoso en la escuela.

La transición a los deberes también es más fácil, porque ya están en la mesa y su nivel de azúcar en sangre se ha estabilizado. Incluso podría dedicarle un rato a la Pregunta Mágica para la cena mientras todos están ocupados llenando vasos de agua y repartiendo pepperoni.

¿Hago una fuente de aperitivos todos los días? No. Pero los días en que la hago me resultan más fáciles. Eso no significa que los días en que no la hago sean siempre difíciles, pero es raro que un día de bandeja de refrigerios haga que aparezca mamá Hulk. Eso es lo que pasa con la Pregunta Mágica: no garantiza un resultado en particular, pero, vaya, se acerca muchísimo.

## Caso de estudio de la Pregunta Mágica # 2: cena

*¿Qué puedo hacer ahora para facilitar la cena más tarde?*
Esta versión de la Pregunta Mágica es extra brillante simplemente porque comemos todos los días y podemos ver la recompensa con mayor claridad. Las fichas de dominó caen con suavidad en la cocina.

La primera vez que llené una olla con agua para espaguetis cuatro horas antes de la cena, recuerdo que pensé que estaba un poco loca. ¿Sería realmente de ayuda? ¡Mi hija pequeña puede llenar una olla con agua! Entonces dieron las cinco y esa misma niña se convirtió en un parásito que no había manera de que me soltara. Recuerdo haber llorado porque estaba muy contenta de simplemente encender el fuego de la cocina en lugar de intentar cargar una olla llena con una mano mientras sostenía a una diva de dos años en mi otro brazo.

Luego vi caer la siguiente ficha de dominó.

Como la olla de agua ya me estaba esperando en los fogones, no estaba tan estresada por la niña aferrada a mi costado, a quien tuve que llevar a la despensa para buscar tomates. Mientras estaba allí, me fijé en el paquete de espaguetis y pensé que sería más fácil después si me adelantaba y lo sacaba también, todo con una cabeza con coleta apoyada en mi hombro sorprendentemente relajado.

Puede parecer algo pequeño, pero una mínima elección puede marcar una gran diferencia. La mía empezó con una olla de agua.

Veamos más respuestas a esta Pregunta Mágica en particular.

### Decide qué harás para cenar

Una gran manera de hacer que la cena sea más fácil más tarde es saber realmente lo que comeréis antes de que llegue la hora de la cena. Decide qué harás para cenar con anticipación para que puedas comprar lo que necesitas en la tienda. En primer lugar, haz una lista de la compra y pégala en la puerta de salida para que recuerdes ir a la tienda. La respuesta a la Pregunta Mágica de la cena no tiene por qué ser una tarea de cocina, simplemente puede ser una decisión.

### Prepara una receta

Digamos que vas a cenar chili. Anticipa lo que puedes hacer ahora pensando en los pasos de la receta. Puedes poner las latas de judías y tomates en la encimera. (Sí, pongo judías en el chili. No me mires así). Puedes abrir el paquete de especias o mezclar un poco de chile en polvo y comino tú misma. Puedes cortar la cebolla y el ajo, poner la cazuela o la olla exprés en los fogones y sacar los boles de la vitrina para que los niños pequeños puedan poner la mesa con mayor facilidad. Incluso una de esas acciones limitará el ancho de banda necesario durante la ajetreada hora de la cena.

Si tienes margen para hacerlo todo, hazlo. Los ángeles cantarán.

### Realiza tareas comunes

Si tu familia come arroz en muchas comidas, haz una olla grande. Es probable que se la acaben. Y si no se lo comen pronto, congélalo. Lava las verduras, saca la tabla de cortar o sazona el pollo que compraste de oferta. Independientemente de la comida que estés haciendo, esas tareas facilitarán la cena más adelante.

### Haz una lista de la compra

¿Siempre te olvidas de comprar ciertas cosas cuando vas a la tienda? Haz que la cena sea más fácil después creando una lista para que siempre tengas lo que necesitas.

Haz que la elaboración de la lista sea más fácil más adelante colocando una pizarra en la nevera y escribe «salsa de soja» la primera vez que lo pienses. Luego, cuando vayas a salir para ir a la tienda, no te preocupes de copiar la lista en una hoja de papel; sácale una foto con el teléfono y vete. Hiciste una lista de la compra y la cena ahora es más fácil.

Podría llenar todo este libro con respuestas a la Pregunta Mágica de la cena, pero te ahorraré mi arrebatos de friki culinaria. Sólo debes saber que el mundo es tu ostra. (O tu pollo, si no te gustan las ostras).

## Caso de estudio de la Pregunta Mágica # 3: colada

*¿Qué puedo hacer ahora para facilitar la colada en el futuro?*
Oh, la colada... La colada trata de matarnos cuando menos lo esperamos, pero la Pregunta Mágica puede ayudarnos, y mucho.

Puedes comprar cestas de ropa divididas para que se pueda realizar la clasificación de las prendas en tiempo real. Puedes enseñarles a tus hijos cómo sacarse los pantalones de los tobillos en lugar de desnudarse como si estuvieran en un ritual de novatadas para que no te encuentres con un torbellino de perneras de pantalones al revés y de ropa interior.

Una lectora del blog *Lazy Genius Collective* compartió una vez que utiliza una bolsa de malla para los calcetines de sus hijos. La bolsa cuelga al lado de la canasta de la ropa sucia, los niños ponen todos sus calcetines sucios allí y los calcetines se lavan y se secan en la bolsa, lo que hace que el emparejamiento posterior sea mucho más fácil más adelante.

Elegir el día de la semana en el que lavarás una gran cantidad de ropa puede ayudar. Si una decisión reduce el estrés más adelante, hazla realidad, incluso si es tan simple como «Lavaré la ropa el miércoles».

## Caso de estudio de la Pregunta Mágica # 4: regreso a casa de las vacaciones

*¿Qué puedo hacer ahora para que volver a casa después de las vacaciones sea más fácil más adelante?*
Por mucho que nos guste viajar, siempre es agradable volver a casa, a menos que la casa haya quedado patas arriba por culpa del frenesí generado al hacer las maletas. Aquí hay algunas maneras de hacer que tu regreso sea un poco más alegre.

### Ordena antes de irte
Si una casa ordenada te calma, haz que el regreso a tu hogar sea más fácil por el método de ordenarlo antes de irte. Saca a los niños al patio, envíalos a desayunar dónuts con tu cónyuge o con un hermano responsable, o siéntalos y abróchales los cinturones en el coche y tómate un par de minutos para resetearte antes de salir. Haz lo que sea necesario para sacarlos de la casa, y después ordénala rápidamente para que estés tranquila cuando regreses.

### Ten un plan para la cena antes de llegar a casa
Los comestibles escasean después de las vacaciones, así que facilita el regreso a casa sabiendo qué harás de cena. Saca algo del congelador, reserva veinte euros del presupuesto de vacaciones para comprar pizzas o piensa en algo fácil mientras conduces a casa.

Puedes pedir un servicio de comida a domicilio o programar una recogida de comestibles para cuando regreses. Si pensar en la cena después de las vacaciones te estresa, escribe la Pregunta Mágica.

### Deshaz las maletas de inmediato

Volver a casa después de las vacaciones es estresante porque parece que hayas estado deshaciendo la maleta durante todo el tiempo que has estado fuera. En su lugar, haz que volver a casa sea más fácil más tarde deshaciéndola de inmediato. Es probable que tardes menos de lo que piensas y te sentirás en paz.

Una manera adicional de hacer que esa labor sea más fácil después es reunir toda la ropa sucia en un solo lugar mientras estás de vacaciones. Ten una funda de almohada o una maleta reservada para la ropa sucia de todos, y cuando llegue a casa, no será necesario revisar toda la montaña de equipaje para lavar hasta el último calcetín.

## Cómo usar la Pregunta Mágica para abordar cualquier cosa

Con suerte, ya has identificado el patrón. Si inicialmente no tenías ni idea de cómo hacerte la vida más fácil más adelante porque parecía una idea demasiado amplia y tu café de la mañana ya había desaparecido, no te preocupes. Simplemente sustituye diferentes palabras relevantes para la situación que se desarrolla frente a ti. No puedes ser demasiado específica.

**La Pregunta Mágica se convertirá en una de las herramientas favoritas de tu navaja suiza de la genial pereza porque es tan eficaz como simple.**

Sin embargo, puedes hacerlo demasiado complicado. La Pregunta Mágica cambia tanto la vida que te sentirás tentada a utilizarla para todo, pero, lamentablemente, eso te volverá a poner en el cansado territorio de los genios de los robots. Trata de hacer las cosas de manera simple.

Por ejemplo, a mí me encanta el ritual del café matutino, pero moler los granos es ruidoso y podría despertar a mis hijos antes de que esté lista para poder articular una frase seguida. ¿Qué puedo hacer ahora para que mi café matutino sea más fácil (y más tranquilo) más tarde? Puedo moler los granos por la noche.[3] Incluso pongo agua en la cafetera, algo bueno para las mañanas más lentas, cuando todavía estoy medio dormida.

Sin embargo, durante un tiempo preparaba de antemano todo lo que necesitaba para hacer el café: la taza, la cucharilla, el tarro de azúcar, todo menos la nata, a la que no le gusta pasar toda la noche fuera de la nevera. Tal vez no sea un gran problema dejarlo todo preparado antes de irme a la cama, pero era innecesario. Sacar una cuchara del cajón por la mañana no es difícil, especialmente cuando vas de camino a la nevera a por la nata. De hecho, involuntariamente eliminé la alegría de perder el tiempo con mi oscura rutina del café matutino por la sola razón de que me hacía estar más preparada.

No hagas algo a menos que sea legítimamente útil. Utiliza lo que funciona, ignora lo que no funciona y no lo compliques.

La Pregunta Mágica se convertirá en una de las herramientas favoritas de tu navaja suiza de la genial pereza porque es tan eficaz como simple. Una pregunta con una respuesta no debería tener una recompensa tan grande, pero la tiene. Las fichas de dominó caen y querrás más.

---

3. Mi cuñado, esnob del café, quiero decir, aficionado al café, se entristecerá porque no los muela justo antes de prepararlo, pero al menos no tomo café soluble, Luke. Dame un poco de holgura, por favor.

# PREGUNTAS MÁGICAS

- ¿Qué puedes hacer ahora para que luego te sea más fácil aspirar el piso? Saca la aspiradora del armario.

- ¿Qué puedes hacer ahora para facilitar la redacción de la publicación de tu blog en el futuro? Recopila ideas en notas de voz y pon el ordenador portátil en la encimera de la cocina para cuando estés lista para escribir.

- ¿Qué puedes hacer ahora para facilitar las compras en el supermercado más adelante? Pon las bolsas reutilizables junto a la puerta y un bolígrafo para que puedas tachar las cosas de la lista de la compra mientras las adquieres.

- ¿Qué puedes hacer ahora para que te sea más fácil sacar la cena del congelador más tarde? Etiqueta las comidas para que no te quedes atascada preguntándote: «¿Qué hay en esta bolsa?».

- ¿Qué puedes hacer ahora para que los niños se acuesten más fácilmente más tarde? Localiza todos sus adorados animales de peluche antes de que se cepillen los dientes para no tener que buscarlos frenéticamente después de la hora del cuento.

- ¿Qué puedes hacer ahora para facilitar el pago de las facturas en el futuro? Ten una bandeja específicamente para correo urgente y configura una alarma en el teléfono para recordarte que la revises cada dos semanas.

- ¿Qué puedes hacer ahora para facilitar el almuerzo más tarde? Prepara sándwiches y métaselos en un cajón específico del refrigerador para no tener que buscar siempre la lechuga y el queso.

- ¿Qué puedes hacer ahora para facilitar la elección de una receta en el futuro? Hojea un nuevo libro de cocina y marca con un *post-it* las recetas que más te entusiasmen. Cuando llegue el momento de elegir, hazlo entre las que ya están marcadas.

- ¿Qué puedes hacer ahora para facilitar un viaje por carretera más adelante? Descárgate una aplicación de teléfono móvil de planificación de rutas para poder encontrar fácilmente lugares donde comer, utilizar el baño y entretener a los niños malhumorados.

- ¿Qué puedes hacer ahora para facilitar que todos salgan por la puerta hacia la escuela más tarde? Prepara los almuerzos la noche anterior.

- ¿Qué puedes hacer ahora para facilitar la fiesta de cumpleaños de un niño más adelante? Haz y congela bolas de masa para galletas ahora, para que todo lo que tengas que hacer sea hornearlas el día de la fiesta.

- ¿Qué puedes hacer ahora para que sea más fácil organizar el próximo Día de Acción de Gracias? Recuerda que tu valor no se deriva de cómo comparas tu pavo con el de tu suegra.

- ¿Qué puedes hacer ahora para facilitar las compras en el supermercado en el futuro? Lleva siempre una moneda de euro en el bolsillo para el carrito.

## RECUERDA

- Pregúntate: ¿Qué puedo hacer ahora para facilitarme la vida en el futuro?
- Atiende lo necesario antes de que se vuelva urgente.
- Sé específica con la Pregunta Mágica y afronta literalmente cualquier cosa con genial pereza.

## Un pequeño paso

¿Qué es lo siguiente que debes hacer en tu día? Hazte la Pregunta Mágica y mira qué sucede.

Hacerlo todo más fácil es tentador, ¿no? Si bien la Pregunta Mágica es poderosa, no puede arreglarlo todo. A continuación, hablemos de cómo vivir mediante la genial pereza, incluso cuando la etapa de la vida es difícil.

# VIVE LA TEMPORADA

## Principio de la genial pereza # 4

Tuve mi segundo bebé dos semanas después de que mi primer hijo cumpliera dos años, y no recuerdo nada de esos días.[1] Estaba estúpidamente cansada y vivía en una neblina de ropa sucia y papillas, y estoy segura de que siempre olía a regurgitación. Toda esa época se desdibuja como un gran recuerdo de agotamiento.

No me gustó esa temporada de mi vida y me emocionaba la idea de que algún día terminaría. De hecho, recuerdo haber jurado sombríamente, como si fuera un caballero en la corte del rey Arturo, que nunca tendría otro bebé y, por lo tanto, nunca volvería a pasar una temporada así. Me encanta que los bebés existan y abrazar a los míos con gran deleite, pero en lo que respecta a las etapas de los niños, la época cuando son bebés no es mi favorita. Y la infancia temprana es la segunda desafortunada en esa carrera, ¡y están una al lado de la otra!

Ya tenía hijos, así que no más bebés.

Por eso tuve un colapso mental cuando, cuatro años después, me senté en el baño sucio de un gimnasio de *kickboxing*, oriné en un palo y después de diez terroríficos segundos vi la lectura digital que decía EMBARAZADA en las letras mayúsculas más exageradamente grandes que jamás había visto.[2] Me senté en un banco en ese desafortunado baño, paralizada por la conmoción.

---

1. Lo siento, mi dulce Ben. La historia del hijo del medio continúa.

2. Sí, sé que un gimnasio de *kickboxing* es un lugar extraño para hacer una prueba de embarazo. Si hubiera sabido que daría positivo, obviamente habría elegido otro lugar.

Estaba a punto de meter a mi hijo menor en el jardín de infancia. Estaba a punto de tener una gran cantidad de tiempo todos los días porque podría estar completamente sola. Tenía Planes con una P mayúscula y un embarazo sorpresa definitivamente no encajaba con ellos. Pensé que mi temporada de bebés había terminado. Cuando descubrí que no, me sentí realmente devastada.[3]

## La culpa de querer algo diferente

Vivir temporadas así es complicado porque todos celebramos nuestro tiempo de manera diferente. Tienes una personalidad distinta y anhelos diferentes a los que tienen tus amigos en la iglesia, tus compañeros de trabajo o las mujeres que ves en Internet, por lo que cuando te sientes vulnerable por lo difícil que encuentras un período de tiempo específico, abres la puerta para que otros se sientan ofendidos o agraviados por los suyos.

La culpa que sentía por estar triste por mi embarazo era paralizante. ¿Cómo me atrevo a lamentar una pérdida que sería una ganancia para tantas otras personas? ¿Cómo podría compartir sin problemas de conciencia mi tristeza por estar embarazada ante amigos y familiares que deseaban desesperadamente un bebé propio o que habían tenido un aborto espontáneo o perdido a un hijo a causa del cáncer o cualquier otra situación horrible?

Es suficiente para que, en privado, te sientas resentida con la temporada que estás pasando.

Por eso es tan importante pensar con genial pereza. Puedes desear cosas que otra persona no desea. Puedes luchar contra algo

---

3. Annie, te amo locamente, y nuestra familia te necesitaba. Todavía no sabes leer, pero si alguna vez lees esto, estamos obsesionados contigo. Quizá algún día te encuentres embarazada de un bebé y no estés segura de cómo te sientes al respecto. No te sientas culpable por eso, ni por un segundo. El amor y la confusión pueden existir en el mismo lugar. Estarás bien.

que le da alegría a otra persona. Puedes preocuparte por lo que te importa también si no le importa a otra persona, y todos podemos existir juntos amorosa y compasivamente en esa tensión.

Si atraviesas una temporada difícil de la vida sin identificar lo que importa y lo que no, te verás aplastada por el peso de otras perspectivas y expectativas de lo que debería ser tu tiempo. Por ejemplo, trabajar es un privilegio, y a muchos otros padres les encantaría pasar tiempo lejos de sus hijos. Pero quedarse en casa también es un privilegio, y a muchos otros padres les encantaría pasar tiempo en casa con sus hijos.

> **Puedes desear cosas que otra persona no desea. Puedes luchar contra algo que le da alegría a otra persona. Puedes preocuparte por lo que te importa incluso si no le importa a otra persona, y todos podemos existir juntos amorosa y compasivamente en esa tensión.**

La dificultad de una temporada cruda se vuelve más fuerte y opresiva si no identificas lo que importa. De lo contrario, estarás a merced de las expectativas de los demás y meterás esa temporada en la caja de otra temporada o te desconectarás por completo. Te esforzarás o te rendirás.

## El todo o nada de desear algo diferente

Si te encuentras en una etapa desafiante de la vida, probablemente quieras que acabe. Puedes estar cansada de esperar lo que sea que sientas que tendrás al otro lado de ese anhelo y sentirte agotada por la culpa de anhelar algo más. Tal vez tu desafío sea un trabajo que odias, niños que te cansan o no tener dinero en el banco. Tal vez estés esperando una pareja, el divorcio o que terminen de una vez los trámites de una adopción.

La frustración derivada de tus circunstancias actuales es real y está bien, pero si habitualmente miras hacia atrás y más adelante de donde te encuentras, el descontento será un compañero ansioso que te susurrará al oído: «Siempre será así. No hay manera de salir. ¿Cómo diablos puedes hacer esto otro día más?».

La respuesta perezosa es desconectarse, dejar el presente a su suerte. Evitas el dolor, ignoras las lecciones de vida y simplemente bajas la cabeza. Nadie mira una temporada difícil y decide que quiere ser miserable hasta que eso termine, pero al desconectarte, todavía eliges eso mismo. La tensión entre la resignación y la esperanza parece demasiado difícil de soportar, así que simplemente te apagas. La respuesta genial es obligar a una temporada a parecerse a otra. No te gusta cambiar o dejar ir las cosas, así que te aferras con fuerza a la manera en que estaban las cosas y exiges que tu temporada actual coincida. Quizá eres la mujer embarazada bien intencionada que declara que no permitirá que un bebé cambie la relación con su esposo. «Seguiremos siendo nosotros», juras en silencio. Eso es cierto, pero ahora sois vosotros con un bebé. Y un bebé trae grandes cambios.

¿Qué haces, entonces? ¿Cómo puedes lidiar con la tensión de una temporada difícil, de largos períodos en los que desearías que la vida fuera diferente, de cambios que no habías previsto?

Afortunadamente, no tienes que desconectarte ni resistirte.

Hay otra forma: la manera de vivir con genial pereza esa temporada.


## No siempre será así, pero ahora es así

Vivir esa temporada difícil no significa que pases por alto dónde estás y finjas que todo está bien y que «Dios tiene un plan» y «Él no te da lo que no puedes manejar» y todos las demás frases que suelen aparecer en las tarjetas de felicitación que pueden sonar vacías.

Vivir esa temporada difícil no significa tratar de cambiar todo para que tus circunstancias actuales luzcan como desearías.

Vivir esa temporada significa dejar que tus frustraciones respiren pero que no te dominen.

A menudo recibo preguntas de lectores de blogs y oyentes de pódcast que quieren ayuda con una situación en particular, y casi siempre se basan en su temporada actual. Por ejemplo, una madre de dos hijos que juegan en dos equipos de béisbol de élite con horarios diferentes me pidió consejos para poder cenar juntos en familia, aunque a menudo no llegan a casa del entrenamiento hasta después de las ocho, y nunca a la vez.

Mi respuesta: No es una temporada para cenar juntos en familia.

Acepta la frustración de las cenas apresuradas, lamenta la imposibilidad de cenar juntos en la mesa y no intentes forzar ese período de tiempo para se parezca a otro que te guste más.

> **Vivir esa temporada significa dejar que tus frustraciones respiren pero que no te dominen.**

Otra lectora estaba completamente abrumada por ser madre de bebés pequeños. Tenía un niño de dos años y otro de dos meses y no podía entender por qué no tenía ninguna motivación para preparar la cena o hacer la colada o mantener una conversación adulta con su esposo al final del día. Me escribió: «No sé qué ha pasado y no sé cómo solucionarlo». Lo que pasaba es que había llegado una nueva temporada en la vida y no había manera de arreglarla, porque ella no estaba haciendo nada malo.

Tú tampoco. No siempre será así, pero como es ahora, puedes aprender a vivir esa temporada difícil y dejar que te enseñe algo.

## Haz lo siguiente que sea correcto

Mientras vives esa temporada, acepta ser sincera sobre cómo te sientes y estar dispuesta a aprender de lo que encuentres. Presta atención a lo que está frente a ti y deja de intentar ver todos los próximos pasos posibles.

Emily P. Freeman dice que, en cuanto al amor, hagas lo siguiente,[4] y te digo que no hay un mantra más poderoso para vivir tu época de dificultades.

— No te dejes llevar por lo que fue o lo que podría ser. Empieza poco a poco con lo que tienes enfrente.
— Haz lo siguiente que sea correcto. Piensa en el próximo pensamiento verdadero. Lava una carga de ropa y no te resientas por las otras seis que faltan. Limpia sólo la encimera de la cocina. Abre una ventana. Llama a una amiga (y dile de inmediato que nadie se ha muerto cuando conteste, porque eso es lo que todos pensamos cuando una amiga nos llama en esos días).
— Empieza poco a poco.
— Por supuesto, tu etapa difícil de la vida no será eterna, pero cuando aparezca, haz una pausa. En lugar de forzarte a experimentar un conjunto de emociones más agradables o ignorar tus anhelos, sé consciente y amable. Enfréntate a ese período de tiempo como una invitación a ser humana, a nombrar lo que importa y a fortalecer lo que ya eres.
— No debes tenerle miedo al estrés o a la tristeza. No debes entrar en pánico cuando las cosas se descontrolan. No tienes que huir de una etapa de la vida que parece requerir más de lo que tienes para dar. Mantenerte comprometida con la tristeza pero no dejar que dicte tus

---

4. Escribió un libro completo sobre este tema, *The Next Right Thing*, y ese libro es el amable y sabio hermano mayor de *El camino del perezoso genial.*

decisiones es una práctica para ser un genio sobre lo que importa.

— Vivir tu temporada de dificultades te recuerda que los comienzos, los finales y los períodos intermedios merecen tu atención y amabilidad y que no necesitas apresurarte a atravesarlos.

— Sólo haz lo siguiente que sea correcto.

— Como dijo una vez nuestro tesoro nacional, el señor Rogers: «A menudo, cuando piensas que estás al final de algo, estás al comienzo de otra cosa».

Tal vez tu algo más se está fortaleciendo en lo que ya eres, una temporada cada vez.

## Aprende de las estaciones de la naturaleza

Estoy escribiendo estas palabras a mediados de marzo, y la primavera es ruidosa y orgullosa. Anoche, una amiga y yo tuvimos una conversación sobre sentir algo en el aire de repente. Ambas practicamos ritmos regulares de limpieza y minimización, pero todavía tenemos el mismo deseo de abrir todas las ventanas, guardar la lejía e ir a la ciudad. La primavera ya está aquí.

Como las estaciones de la vida, las estaciones de la naturaleza marcan el comienzo de sentimientos que no elegimos pero que aun así tenemos que experimentar. Podría prescindir tanto del verano como de la estresante temporada que llega cuando tienes un recién nacido, pero aun así tengo que vivirlas.

Si estar presente en tu época de la vida es como atrapar el viento, participa en la práctica adyacente de aprender de las estaciones de la naturaleza. Experimenta los ritmos del clima, de las plantas y de las vacaciones. Pronto verás cómo abrazar los ritmos de la naturaleza te da el vocabulario para abrazar tu etapa de la vida, sin importar en cuál te encuentres.

## Primavera

En primavera abundan los nuevos comienzos y la nueva vida. Los días se hacen más largos, el sol brilla más y comienzas a notar cosas que de alguna manera extrañaste en los meses de invierno, como esa capa de polvo en el soporte de tu televisor.

Tu ropa pasa naturalmente del clima frío al fresco, lo que te hace apreciar lo que tienes (todo el amor por las capas) y purgar lo que ya no necesitas, generalmente cualquier cosa comprada en la sección juvenil de los grandes almacenes.

Las flores brotan en el jardín, y limpias una superficie previamente desordenada para dejarle espacio a un jarrón de margaritas. Los pájaros revolotean alrededor de los marcos de las ventanas en busca de un lugar sólido para anidar, y tú te encuentras mirando hacia fuera con más frecuencia, disfrutando de la simplicidad de las hojas, el cielo y los gorriones.

La primavera, naturalmente, fomenta una nueva vida en árboles y nidos de pájaros, y en tu armario y en tu mente. Apóyate en la esperanza de la primavera y comprueba qué tiene para enseñarte.

## Verano

El verano es la estación que menos me gusta. Seguiré adelante y plantaré mi bandera en la arena. Depilarse, quemaduras solares, mosquitos…, haced que pare.

Pero el verano también tiene algo bueno, sobre todo un recordatorio para jugar y tomarte tu tiempo. Aunque tengas un trabajo de nueve a cinco y ya no tienes los veranos libres, todavía flota en el aire un espíritu de juego. Aprende de nuevo cómo es pasar un día entero en el agua o en el parque. Las comidas se hacen cuando el estómago gruñe y no cuando lo dice el reloj. Visitas nuevos lugares y deambulas tanto como las diminutas piernas de tus hijos te lo permiten.

De alguna manera, la inclinación a dejar que la gente entre en tu hogar es más fácil. Invitas a tus amigos a comer hamburguesas y tomar cerveza después del trabajo. Comes helados todos los días y recuerdas lo deliciosa que es la limonada. El olor a protector solar te catapulta de nuevo a ser un niño en la playa, y tratas de no gritar mientras se lo pones a tus hijos increíblemente inquietos.

El verano nos recuerda cuánto amamos la rutina y que podemos sobrevivir sin ella. Apóyate en la tranquilidad del verano y comprueba qué tiene para enseñarte.

## Otoño

El otoño trae amados ramos de lápices afilados y la restauración de la rutina, y las fiestas nacen a la vuelta de la esquina. El otoño recibe el mayor amor de las masas debido a las bufandas, las botas y los cafés con leche con especias.

Si bien me encanta el cambio de clima y de atuendo tanto como a cualquier otra persona, el otoño tiene también una parte de estrés. Todo comienza a gritar por tu atención, y de repente estás metida hasta el cuello en lo urgente una vez más. Pasas del ritmo lento del verano a la agenda apretada del otoño, y es fácil sentir rápidamente que te estás ahogando.

Sin embargo, todas las estaciones tienen algo que enseñarnos si prestamos atención, y el otoño es el momento perfecto para decidir qué es lo que importa en tu agenda y en tu lista de tareas pendientes. No puedes hacer todo lo que hacen los demás, así que elige a propósito. Utiliza el ritmo natural de la temporada para darte permiso para dejar ir lo que te está atascando, así podrás poner tu energía en ser un genio sobre lo que realmente importa.[5]

Apóyate en el frenesí del otoño y comprueba lo que tiene que enseñarte.

---

5. El otoño también es un buen momento para comer en tazones y aprender a hacer pan. No es una regla, sólo una sugerencia estacional si te gustan ese tipo de cosas.

### Invierno

El invierno tiene dos caras.

Hay un invierno antes de Navidad que es alegre y reluciente, lleno de regalos y promesas. Salir con amigos, hornear galletas, ver *El cuento de Navidad* de los Muppets por séptima vez. Claro, estás ocupada, pero la diversión vale la pena.

Luego está el invierno después de Navidad. El brillo es reemplazado por el aburrimiento provocado por el frío intenso que te confina en casa, los regalos de Navidad que quieres devolver y la culpa por las resoluciones de Año Nuevo que yacen polvorientas e insatisfechas.

Puedes abrazar ambas cosas y aprender de ellas. Las vacaciones emocionantes te recuerdan el carácter sagrado de la familia y la tradición, la magia de las celebraciones y la perfección de la música navideña. El largo tramo del otro lado tiene la calma que necesitas después de toda esa celebración. Puedes aceptar la tranquilidad y la oscuridad como un regalo para reducir la velocidad, acostarte temprano, disfrutar de las zapatillas, las batas y las tazas de chocolate caliente. Puedes disfrutar de lo que ofrece el invierno y sentir un aprecio aún mayor por la primavera cuando le toque su turno de nuevo.

Apóyate en estos contrastes del invierno y descubre qué pueden enseñarte.

## Las temporadas difíciles son más grandes que tú

Cuando anhelas que una temporada de la vida tenga sentido o deseas que sea una época alegre, la naturaleza amablemente ofrece recordatorios y ritmos, no respuestas y planes rígidos. El invierno, la primavera, el verano y el otoño te ayudan a recordar no sólo dónde estás, sino también que dónde estás no es todo lo que hay.

Muy a menudo, trato de crear un sistema para atravesar una temporada desafiante de la vida, y el mundo natural responde:

«Amiga, he pasado por la vida y la muerte durante bastante tiempo. Entiendo el cambio, así que recorramos el camino juntas».

Sale el sol.

Cae la nieve.

El bebé comienza el jardín de infancia.

El padre fallece.

El traslado del puesto de trabajo ocurre antes de lo esperado.

La niña que alguna vez pensaste que eras ya casi no te habla.

El marido que te eligió cambia de opinión.

No estoy tratando de derrumbarte, pero la vida es dura. Estás herida y cansada y tienes historias que nadie conoce, como yo y como la guapa desconocida del Target.

También puedes tener tendencia a ver tus circunstancias como el todo y el fin de todo, y olvidar que están sucediendo muchas cosas dentro y alrededor de ti, lo notes o no. Cuanto más te concentres en lo que no tiene esa época difícil, más te desesperarás, más te compararás con otras personas, más resentimiento experimentarás y, en general, más desanimada te sentirás. También te pierdes lo bueno que tienes delante.

En cambio, permanece donde estás.

Haz lo siguiente que sea correcto.

Vive esa temporada difícil en la que estás con las manos abiertas para que puedas recibir lo que puede ofrecerte.

> **Actuar con genial pereza no significa amar las temporadas difíciles, significa darles la bienvenida amablemente y dejar que te enseñen algo.**

No digo que sea fácil; eso es una mentira rotunda. Pero las épocas duras son más grandes que tú. Van y vienen, y siempre te invitan a ser más de lo que ya eres.

Actuar con genial pereza no significa amar las temporadas difíciles, significa darles la bienvenida amablemente y dejar que te enseñen algo.

## Tu perspectiva de la temporada difícil

Si la madre de los niños de los equipos de béisbol de élite ve esa temporada loca de la vida como una pérdida, como algo que no encaja en la forma en que «deberían ser» las cosas, estará de mal humor y resentida y habría deseado que sus hijos jugaran al ajedrez en lugar de al béisbol. Pero si reconoce el dolor que siente por esa época dura y recibe lo que puede enseñarle, experimentará un cambio de perspectiva.

> Perseguir la situación ideal te obliga a esforzarte más, ya sea debido a que esa época no es suficiente o porque te das por vencida ya que lo contrario nunca será suficiente.
> En cambio, debes vivir esa época y alegrarte de estar donde estás.

No es una temporada para cenar en casa alrededor de la mesa, pero es una época para hacer picnics en la parte trasera de la camioneta entre juegos, para desayunos familiares y para ponerse al día durante el trayecto a la escuela. La situación no es ideal, pero lo ideal no es el objetivo.

Perseguir la situación ideal te obliga a esforzarte más, ya sea debido a que esa época no es suficiente o porque te das por vencida ya que lo contrario nunca será suficiente. En cambio, debes vivir esa época y alegrarte de estar donde estás.

Tanto si estás pasando una agonía al cuidar a un nuevo bebé, o esperando un nuevo trabajo, o a merced del horario de gimnasia de tu talentosa hija, o simplemente esperando a que la mujer frente a ti encuentre el cambio exacto, debes estar contenta contigo misma. Apóyate en lo que sucede a tu alrededor y no asumas que tal como vives ahora es como vivirás para siempre.

Las estaciones cambian y tú también.

## RECUERDA

- Puedes preocuparte por lo que te importa sin sentirte culpable.
- Haz lo siguiente que sea correcto.
- Si vives tu estación y estás contenta donde estás, entonces las estaciones de la naturaleza y tu etapa en particular de la vida tienen cosas que enseñarte.

### UN PEQUEÑO PASO

Mira por la ventana. Mira el suelo. Mira al cielo. Fíjate en lo que esta época de tu vida quiere enseñarte en este momento exacto. Sé que es un consejo muy molesto, pero lo que es más molesto es lo que realmente ayuda.

A medida que aprendes a vivir tus épocas difíciles, una de las herramientas más útiles de tu navaja suiza de la genial pereza es la rutina. Cuando tienes la agenda llena y sientes tu vida interior barrida por el viento, es bueno tener el ancla de las rutinas diarias para recordarte lo que importa. En el próximo capítulo, te ayudaré a crearlas.

# CONSTRUYE LAS RUTINAS CORRECTAS

## Principio de la genial pereza # 5

Cuarto grado fue para mí un año de locos.

Primer gran cambio: mis padres se divorciaron. Mi madre había intentado que funcionara con mi padre durante toda mi infancia, pero a menudo él se iba durante meses, a veces incluso años seguidos. Cuando estaba en cuarto grado, dejó oficialmente a la familia después de estar fuera durante dos años.

Segundo gran cambio: mi madre empezó una relación con un amigo que había conocido el año anterior. Ha sido mi padrastro durante veintiocho años y es genial. Pero en ese momento lo vi como el tipo que intentaría ser mi nuevo padre.

Tercer gran cambio: dejé la escuela. Hasta ese momento había asistido a una pequeña escuela cristiana, los últimos años con una beca. Y la ayuda económica se acabó al final del tercer grado, por lo que mi madre decidió educarme en casa, en parte porque no podíamos pagar la matrícula, pero sobre todo para que pudiera estar conectada conmigo durante el desafío de la transición.

Todos lidiamos con la locura de diferentes maneras y, en caso de que aún no lo haya dejado claro, mi método favorito es mantener las cosas en orden. Creo que cuanto más puedo controlar, más segura estaré.

Al principio estaba de mal humor por la educación en casa, pero como mi madre sabía lo que necesitaba para superar esa transición, me dejó tener el control. La ayudé a elegir mis libros de texto, hice listas de mis deberes y los marcaba a medida que los completaba cada día, y elegía cuándo hacer un descanso para almorzar. Me encantaba el sistema.

La rutina de sentarme en el mismo lugar a la misma hora todos los días, trabajar con los mismos cuadernos y ver el mismo video mientras comíamos el mismo almuerzo[1] era como una medicina. La fiabilidad de esos días me recordaba que estaba bien.

Ése es el regalo de una rutina: ofrece un lugar blando en el que aterrizar.

## El propósito real de una rutina

Tal vez anheles la rutina para mantener cierta sensación de control, y eso está bien. Sentirse fuera de control no es divertido y es normal querer una distancia segura entre tú y esa emoción.

Sin embargo, llega un momento en el que tomar el control te hace sentir cansada en lugar de segura. Intentas ser un genio con la rutina, haciéndola (y a ti misma) rígida y robótica. Si no sigues con tu rutina cuidadosamente elaborada, parecerá que todo se desmorona. Y ahí estás de nuevo, esforzándote.

**Llega un momento en que tomar el control te hace sentir cansada en lugar de segura.**

---

1. El video era un episodio de *Kids Incorporated* que habíamos grabado en una cinta de VHS en una vista previa gratuita al canal por cable de Disney Channel, y el almuerzo consistía en un sándwich de plátano y mayonesa, zanahorias baby y una tarta de chocolate al microondas. Pausa para el almuerzo de las reinas, amiga mía.

Supongo que a estas alturas del libro ya conoces la manera perezosa de abordar la rutina: simplemente rendirte. La rutina es para personas falsas que no están bien siendo un desastre, así que te dejarás llevar. Además, te gusta dormir demasiado como para levantarte a las cinco para realizar una rutina matinal, así que básicamente todas las rutinas te quedan lejos.

Una vez más, la manera de hacerlo mediante la genial pereza no se acerca a ninguno de estos extremos, gracias a Dios. Recuerda que adoptar la genial pereza significa que puedes preocuparte por lo que te importa, y las rutinas simples pueden ayudarte a hacer exactamente eso.

Quizá las mañanas tranquilas importen, pero ahora te sientes como un tiburón luchando en un frenesí alimenticio sólo para beberte el café caliente. Tal vez sea importante estar *enchufada* en el trabajo, pero parece que no puedes concentrarte en nada más que en los videos de Jimmy Fallon. Tal vez las noches tranquilas con los tuyos sean importantes, pero te quedas dormida en el sofá en medio de una repetición de *Parks and Rec*. Jimmy Fallon y las siestas en el sofá son cosas maravillosas, pero si deseas pasar las horas de trabajo y las noches de manera diferente, las rutinas pueden ayudarte a hacerlo.

Puedes pensar que una rutina no es más que hacer las mismas cosas en el mismo orden todos los días, pero ésa no es toda la idea. Las rutinas están destinadas a llevarte a otra cosa.

## La rutina como una rampa

Una rutina matinal te lleva a tu día. Una rutina después de la escuela os lleva a ti y a tus hijos a la avalancha de tareas, cenas y las demandas de los niños que te preguntan: «¿Cuándo podré pasar un rato frente a la pantalla?». Una rutina nocturna te lleva a reiniciar tu casa o a ti misma para el día siguiente. Una rutina de trabajo te lleva a un ritmo para activar una parte diferente de tu cerebro y hacer las cosas.

Las rutinas son rampas de acceso a otros lugares, no destinos en sí mismas.

Si veo la rutina de la hora de dormir de mis hijos como el destino, sirvo a la rutina en lugar de que la rutina me sirva a mí. Cuando la rutina está al mando, mis hijos no pueden quedarse despiertos hasta tarde para ver los fuegos artificiales navideños o quedarse durante toda la fiesta familiar de Navidad.

> **Las rutinas son rampas de acceso a otros lugares, no destinos en sí mismas.**

Pero ¿qué pasa si la rutina es simplemente una vía de acceso a un propósito específico? La rutina de la hora de dormir de mis hijos les ayuda a conciliar el sueño y a sentirse seguros y amados. Ésos son los destinos que importan. Aunque una rutina nos ayuda regularmente a recorrer el camino hacia lo que importa, no es la única vía para llegar hasta allí. Mis hijos pueden dormir cómodamente y sentirse seguros y amados estando con su familia y tener experiencias interesantes fuera de las normas.

> **Irónicamente, cuando dejas que la rutina se haga cargo, al final te pierdes lo que importa de todos modos.**

Irónicamente, cuando dejas que la rutina se haga cargo, al final te pierdes lo que importa de todos modos.

Si deseas crear las rutinas correctas, primero debes identificar a dónde vas y por qué ese destino importa realmente.

## Lo que Chris Hemsworth puede enseñarte acerca de la rutina

No tener una rutina es como hacer paracaidismo, y tener una es como surfear.[2]

---

2. Nunca he hecho ni una cosa ni la otra porque me aterrorizan las alturas y el agua, pero fingiremos que sé de lo que estoy hablando, aunque mi comprensión de ambos deportes provenga de la televisión y de Google.

En cuanto al paracaidismo, o estás dentro del avión o estás fuera del avión. Claro, hay una acumulación emocional mientras esperas tu turno para saltar, pero no hay nada gradual en el proceso. O dentro, o fuera. Esperando, o gritando a lo loco. En términos de la vida real, eso se traduce en ser despertado por un niño de cuatro años saltando sobre tu cara.

Por el contrario, las rutinas se parecen más a surfear.

Chris Hemsworth (bienvenido), en el agua y vestido con su traje de neopreno, está sentado a horcajadas sobre la tabla, respira profundamente y espera con paciencia que llegue la siguiente ola. Cuando ve que se está formando una, realiza los mismos movimientos: al principio rema boca abajo con los brazos para seguir el ritmo de la ola y una vez que la ha atrapado salta y se pone de pie en la tabla.

A veces la ola es pequeña y Chris se cae. A veces la ola es enorme y la cabalga un largo trecho. A veces pierde la concentración y se deja hundir. No importa el resultado, el proceso inicial es repetible y está destinado a llevarlo a otra cosa.

Una rutina es un acto repetible de preparación, no el destino.

Pregúntate: ¿Para qué me gustaría estar preparada de manera más consistente? ¿Qué momento del día o actividad específica me hace sentir como si me hubieran empujado fuera de un avión?

Ahí es donde debes construir una rutina.

## Cómo construir una rutina

Ahora que conoces un área en la que necesitas una rutina y comprendes su contexto adecuado, es hora de crear una. Repasemos los pasos.

### 1. Empieza con poco

Si quieres enfocar tu rutina desde la genial pereza, comienza con una lo suficientemente pequeña como para que realmente puedas cumplirla. Si la estableces a lo grande, no la cumplirás. ¿Recuerdas que mis grandes planes de yoga no funcionaron, pero mi único perro miserable sí lo hizo? Empieza con poco.

Cuando aprendes a surfear, ni siquiera comienzas en el agua. Las lecciones comienzan en la arena, contigo acostado boca abajo y luego de pie sobre la tabla para acostumbrarte a la sensación. Un pequeño paso se construye sobre otro, preparándote para otra cosa.

### 2. Da tu primer paso como algo aislado

En *Sólo una cosa*, Gary Keller y Jay Papasan presentan algo llamado la pregunta de enfoque: «¿Cuál es la ÚNICA cosa que puedo hacer para que al hacerla todo lo demás sea más fácil o innecesario?».[3]

Establece tu rutina en una sola acción que haga que todas las siguientes acciones sean más fáciles o innecesarias, y te sentirás preparada incluso cuando interrumpas la rutina. De hecho, es posible que no necesites diez o veinte pasos cuando el primero haga un buen trabajo.

Si deseas ser más productiva cuando te sientas en tu escritorio a trabajar, es probable que haya una docena de cosas que pueden ayudarte a hacerlo, pero tal vez poner cierto tipo de música haga que sea innecesario seguir la lista de tareas pendientes o tomarte ese café caliente lo suficientemente motivador para ponerte en marcha.

Explora lo que te brinda el mayor rendimiento por tu inversión y comienza la rutina con ese paso.

### 3. Recuerda a dónde vas

Una vez que las listas y los pasos entran en la conversación, es fácil olvidar que no son lo más importante. Estar preparada para algo que importa es la cuestión.

---

3. Gary Keller y Jay Papasan, *Sólo una cosa*, Aguilar, 2016.

Las rutinas no están destinadas a controlar tu entorno o a encerrarte en una vida de *El día de la Marmota*,[4] en la que el mismo día se repetirá una y otra vez. Tienen la intención de recordarte lo que valoras antes de que en tu día a día estés tan ocupada que lo olvides.

¿Practicamos el establecimiento de algunas rutinas juntas? Comencemos con una rutina matinal, ya que la mayoría de nosotras tenemos una.

## Una rutina matinal

¿Qué es lo que importa por la mañana? ¿Qué energía quieres llevar en tu cuerpo y mente, incluso cuando las circunstancias no sean las ideales? No lo pienses demasiado; sólo nómbralo.

Ahora, comienza poco a poco eligiendo una cosa que te lleve allí y recuerda a dónde vas.

Mi actitud matinal es importante porque a menudo influye en el resto del día. Si empiezo de mal humor, descontenta o aislada, por lo general me quedo así. Una vez que comienzo el día preparando almuerzos, realizando las tareas de la casa y yendo al supermercado a comprar alimentos, lucho por encontrar la energía para volver a mí misma. Además, cuando mi mala actitud me desconecta de lo que importa, tiendo a ver las situaciones ordinarias como obstáculos enormes e insuperables.

En los días con energía matinal positiva, apagar fuegos es como apagar velas. En los días con energía matinal negativa, lucho contra incendios forestales con una pistola de agua.

Empezar el día recordando lo que importa es fundamental para una jornada bien vivida.

---

4. La celebridad que tiene enamorado a mi esposo desde hace mucho tiempo es Andie MacDowell, por esa película, y me parece algo muy entrañable.

Lo único que hace que todo lo demás me parezca más fácil o innecesario es elegir qué pensar ese día. Ya he hablado de mi cerebro de ardilla con cafeína, que siempre parece pensar en innumerables cosas a la vez. Mi energía mental se distribuye entre planes para la cena, bosquejos de libros, cómo le está yendo a una amiga en particular y cómo la señora en la fila de la caja podría pensar que soy una madre basura porque bromeé acerca de dejar a mis hijos en el estacionamiento.

Tantos pensamientos. Demasiados pensamientos.

Algunos importan, muchos no, y por eso ya estoy cansada antes de que salga el sol.

Durante el último año he comenzado los días eligiendo en qué podía pensar. Puede sonar intenso, pero es necesario para mi salud mental. Hago un balance de mis pensamientos y elimino los que no importan: la reseña negativa del pódcast de entre mil positivas, que mi piel se ve más vieja hoy en comparación con ayer y qué servir en la cena de Acción de Gracias cuando todavía es agosto y «aún no es el momento, Kendra». También pienso en lo que importa y le doy prioridad a esas cosas. Sí, elegir qué música tocaré durante el retiro de mujeres de nuestra iglesia el próximo mes es importante, pero no tan urgente como practicar lo que se supone que debo tocar en la iglesia este domingo. Simplemente elijo entre lo que importa lo que más importa ese día. Con el tiempo, otros pensamientos tendrán su turno.

Al establecer mi rutina matinal con esta práctica de recordar lo que importa, tanto en mi lista de tareas como en mi alma, estoy mejor equipada para enfrentarme a la jornada, sin importar la forma que tome.

Con el tiempo, añadí otros elementos: leer, estirarme, tomar café caliente en silencio, pero al comenzar con lo único que tengo, estoy preparada para lo que se avecina, incluso si un madrugador interrumpe mi rutina.

# MI RUTINA PARA CUANDO ME SIENTO ATASCADA EN EL TRABAJO

Aprendí enseguida que necesito descansos. Algunas personas pueden escribir, consultar o vender durante horas y horas, pero mi cerebro no puede soportar períodos prolongados.

Tengo un reloj de arena en mi oficina que dura unos cuarenta minutos. Cuando me siento frente a mi escritorio, giro el reloj de arena, trabajo hasta que se vacía y luego reviso mi teléfono durante un par de minutos. Normalmente, Instagram y el pensamiento constante de «¿Qué pasa si alguien envía un mensaje de texto con algo urgente?» son mortales para mi enfoque, pero sé que puedo pasar cuarenta minutos sin contestar al teléfono.

Después de revisar el teléfono, vuelvo a girar el reloj de arena, trabajo hasta que se vacía y luego salgo de mi oficina y hago algo activo, creativo o relacional durante cinco o diez minutos. A veces me llevo el premio gordo y hago las tres cosas.

Mi despacho está en una iglesia y trabajo con personas que eran amigas antes de ser compañeras de oficina. Por lo general, durante esos diez minutos, doy vueltas alrededor del santuario (activo), tal vez escucho algunos mensajes de voz de amigas mientras camino (relacional), toco el piano (creativo) o hablo con una amiga en mi camino de regreso (relacional de nuevo).

Esos diez minutos me dan exactamente lo que necesito para hacer un trabajo cada vez mejor durante las dos siguientes vueltas del reloj de arena.

Quizá el comienzo de tu trabajo no es donde necesitas una rutina. Quizá donde la necesitas sea en el medio.

## Una rutina para empezar a trabajar

Es probable que tú y yo tengamos diferentes tipos de trabajo, pero ambas necesitamos un camino para prepararnos para ello. La manera en que te prepares depende de ti, pero si creas una rutina no en torno a lo que haces sino a lo que te preguntas, encontrarás un camino más fácil hacia tu trabajo.

Cada vez que comiences tu trabajo, pregúntate: ¿Qué es lo que importa de mi trabajo? ¿Qué energía quiero llevar en mi cuerpo y en mi mente al empezar, incluso cuando las circunstancias no sean las ideales? Luego, elige la única cosa que tendrá un impacto en tu preparación para el trabajo, aunque no suceda nada más.

Mi rutina para empezar a trabajar ha pasado por muchas evoluciones a lo largo de los años, principalmente porque mi trabajo también lo ha hecho. La manera en que empiezo depende de cuál sea mi trabajo. La rutina es diferente cuando estoy pensando en episodios de pódcast en mi sofá que cuando estoy escribiendo este libro en el escritorio de mi despacho, y por eso me encanta la rutina basada en la genial pereza.

El punto no es tener la misma rutina detallada todos los días de trabajo. En su lugar, pregúntate qué es lo que importa hoy en tu trabajo, comienza poco a poco con lo que puedas preparar mejor para ese trabajo y luego hazlo. Ésa es tu rutina. Lo que elijas puede serte útil durante meses o puede ser mejor sólo para hoy. El poder de una rutina de trabajo proviene de hacer las preguntas y cumplir con lo que necesitas hoy, no necesariamente de sentarte en el mismo lugar y utilizar el mismo bolígrafo.

Ya he mencionado cómo la música podría preparar el escenario para entrar en el modo de trabajo, y eso definitivamente es cierto en mi caso. A veces, mi rutina de trabajo consiste en servirme una segunda taza de café, reflexionar sobre lo que estoy haciendo o encender una vela, pero lo único con lo que siempre empiezo es con la música.

> **El poder de una rutina de trabajo proviene de hacer las preguntas y cumplir con lo que necesitas hoy, no necesariamente de sentarse en el mismo lugar y utilizar el mismo bolígrafo.**

Diferentes tipos de música se adaptan a diferentes tareas. Para hacer una lluvia de ideas frente a una pizarra, se necesita a una optimista Taylor Swift. El trabajo de escritura profunda necesita el piano temperamental de Ólafur Arnalds. Las tareas informáticas menores pero necesarias necesitan a Penny & Sparrow. Una vez más, la música específica no es una rutina. El poder de la música en lo que respecta a lo que estoy haciendo ese día funciona, y por lo tanto, siempre comenzaré con eso.

Crea una rutina basada en lo que necesitas, recuerda lo que importa sobre tu trabajo y comienza con lo que tendrá el mayor impacto.

## Una rutina de noche

¿Qué es lo que importa de tus noches? ¿Qué energía necesitas nutrir?

Algunos días, tu rutina nocturna te prepara para esperar el día siguiente. Otras veces, te ayuda a recordar el día de hoy.

Siempre que empieces poco a poco y recuerdes para qué te estás preparando, tu rutina nocturna tomará la forma que necesitas. Es probable que la mayoría de las noches te parezca todo igual, pero al acercarte a tu rutina desde la genial pereza, tienes la libertad de prepararte para lo que te importa hoy.

Durante años, el único paso en mi rutina nocturna fue restablecer el área principal de la casa. Devolvía los juguetes a las canastas, limpiaba las encimeras de la cocina y volvía a ordenar los cojines en el sofá. A propósito, lo hacía despacio en lugar de apresurarme, ya que la velocidad de mi cuerpo a menudo afecta a la velocidad de mi cerebro.[5] Esta rutina cumplía su propósito al prepararme para un comienzo más lento y consciente del día siguiente.

Ahora mi rutina nocturna incluye escuchar música mientras reinicio la casa y encender velas sobre la marcha. Si mi esposo ha terminado de acostar a los niños, me salto la música y hablo con él mientras ordenamos juntos. A veces incluso tengo tiempo para dar una vuelta por la manzana, un placer cuando ya han pasado cinco horas desde que estaba sola. Esas cosas tienen poco impacto en la preparación para el día siguiente, pero tienen un impacto inmenso en cómo me siento sobre mí y mi gente en ese momento.

Una rutina nocturna puede prepararte para el día siguiente y también recordarte lo que importa en ese momento.

Establece tus rutinas lentamente, por favor. Sé que yo tengo el récord en este momento, pero si las construyes demasiado grandes y demasiado rápido, siempre te decepcionarán. Lo ideal es tener esa increíble rutina en funcionamiento mañana, pero cuando falles y sigas luchando por encontrar tu camino meses después, estarás más atrasada de lo que estarías si hubieras hecho una cosa todos los días sin añadir nunca nada más.

## IGNORAR LO QUE TODOS LOS DEMÁS JURAN

Probablemente hayas leído todos los artículos que tengo sobre cómo empezar el día sudando es lo mejor que puedes hacer: las supermodelos lo hacen, los directores ejecutivos lo hacen. Si no te levantas antes del sol para ejercitarte intensamente, ¿qué estás haciendo con tu vida?

---

5. Estoy bastante segura de que mi gato Patronus es un gato salvaje.

Es difícil elegir una cosa cuando a los demás les apasiona tanto la suya. Por eso muchos libros de autoayuda son desalentadores. Te dicen: «Haz *tal o cual cosa* y tu vida cambiará».

En diferentes momentos de mi vida, empezaba la mañana con ejercicios intensos de cardio, con un vaso gigante de agua con limón, con quince minutos de escritura en mi diario y categorizando mi lista de tareas, todo porque alguien juró que era la mejor manera de empezar el día.

Pero aquí está la cuestión: puedes elegir la mejor manera de comenzar *tu* día.

Me gustan las mañanas tranquilas y no me gusta sudar, así que ¿por qué debería hacer ejercicios intensos de cardio?

Me gusta el café y me siento mal cuando el agua me llega al estómago vacío, entonces, ¿por qué debería beber agua con limón?

Me frustra que mi cerebro funcione más rápido que mi bolígrafo, entonces, ¿por qué debería escribir un diario?

Puedo engañarme a mí misma para hacer que mi lista de tareas pendientes sea lo más importante en lugar de prestar atención a la idea que discurre por mi cerebro, entonces, ¿por qué debería codificar por colores y categorizar?

Si una actividad no te prepara para lo que te importa, es sólo ruido.

Se te permite ignorar algo si no te importa, y otros pueden hacer algo diferente a lo que haces tú si a ellos les importa.

# RECUERDA

- La rutina en sí misma no es lo que importa. Es simplemente una vía de acceso para ayudarte a prepararte para lo que haces.
- Cuando crees una rutina, comienza con poco, haz algo que tenga un gran impacto y nunca olvides a dónde vas.
- Crea una rutina para cualquier tarea o momento del día, pero comienza con lo que te importa, no con los pasos para llegar hasta allí.

## UN PEQUEÑO PASO

Evalúa tus mañanas a través de la lente de la genial pereza, comprueba si te estás preparando para lo correcto. Si no es así, elige un pequeño paso para moverte en esa dirección y luego da ese paso.

Las rutinas son muy útiles para llevarte a donde quieres ir, pero ¿y si no eres la única persona que vive en tu casa? ¿Cómo puedes hacer que otras personas se unan al camino de la genial pereza? El siguiente capítulo es la respuesta: reglas de la casa.

# ESTABLECER REGLAS DE LA CASA

## Principio de la genial pereza # 6

Antes de que mi esposo y yo nos casáramos, salíamos juntos como todo el mundo, pero quizá de un modo un poco más intenso. En nuestra primera cita, vino a la boda de mi hermana y conoció a toda mi extensa familia. En nuestra segunda cita, hablamos de matrimonio. En la tercera cita, conocí a sus padres.

No lo recomiendo, por cierto.

Kaz[1] es japonés, y en esa primera visita a casa de sus padres, me dijo que es algo cultural quitarse los zapatos antes de entrar. Cuando entré por la puerta, fue como cuando los niños juegan a que el suelo es lava, porque me negué a dejar que un trozo de cuero tocara la alfombra antes de que me quitara las botas.

Tal vez no hayas salido con un chico japonés con padres que no usan zapatos en la casa, pero probablemente hayas estado dentro de una casa que tenía una regla que no conocías hasta que la rompiste. No es divertido, ¿verdad?

He estado en hogares donde me sentía en guardia, prestando atención a cada pequeña cosa para no ofender a mis anfitriones. Tal vez hayas visitado la casa de alguien por primera vez y cuando te fuiste, pensaste: «Bueno, nunca me invitarán de nuevo».

Cuando eres un genio con las reglas de tu propia casa, es probable que te concentres en algo que desearías que no te afectara tanto: tu reputación, lo impresionante que es tu decoración inte-

---

1. Rima con Oz, no con jazz.

rior, tu inseguridad general por no ser suficiente. En el fondo, la mayoría de la gente quiere liberarse de esas cosas. Queremos ser personas que viven con autenticidad y son aceptadas por ello.

La oscilación del péndulo hacia el otro lado es un enfoque perezoso de las reglas de la casa, como no tener ninguna regla en absoluto.

Las reglas de la casa de la genial pereza son diferentes. No es necesario que cubras tu sofá con plástico y corras frenéticamente a por la escoba cuando un niño deja caer una galleta al suelo. Eso es vivir en modo de protección y, vaya, es agotador. Pero tampoco tienes que vivir en una fraternidad con todas sus sustancias cuestionables. Las reglas de la casa de la genial pereza son opciones simples que respaldan lo que te importa a ti y a los tuyos. Sí, son prácticas y tangibles, pero están destinadas a mantener un entorno hogareño de conexión, no de protección.

Te conozco lo suficiente como para saber qué hogar elegirás. Exploremos cómo las reglas de la casa nos ayudan a conectarnos.

## Conexión por encima de protección

Todas hemos experimentado días en los que las fichas de dominó caen rápidamente y en la dirección equivocada. De alguna manera, una elección ha llevado a una docena de opciones no deseadas, todo se está derrumbando y no sabemos cómo ha salido todo mal.

Tu reacción en esos momentos suele ser proteger algo: la casa que acabas de limpiar, la camisa que acabas de lavar que de alguna manera está inmediatamente sucia o tu propia cordura. Es un instinto natural, pero por lo general no te lleva en una dirección útil.

Quizá te retraigas. Te apagues, des respuestas breves a cada pregunta y te sientas como fatal. También puedes enfadarte. (Ésa soy yo, por cierto). Cuando el caos no se detiene, culpo a mis hijos y les digo que son unos holgazanes en lugar de to-marme un respiro y decirme la verdad sobre lo que realmente importa.

En esos momentos, es útil recordar que es más fácil limpiar una taza de leche derramada que curar los sentimientos heridos de un niño de segundo grado.

El caos significa cosas diferentes para diferentes personas, pero ciertas situaciones pueden llevarte a quejarte del tamaño de tu casa o de tu cuenta bancaria. Es posible que te sientas frustra-da porque tu esposo ya no te ayuda. O puedes navegar por Ins-tagram y sumergirte más en las comparaciones que mantienen viva la idea protectora.

Aquí es cuando necesito comer chocolate porque estoy enfa-dada.

Sí, me gusta el orden, pero no a expensas de conectarme efi-cazmente con mi familia o ser amable conmigo misma. Por eso las reglas de la casa de la genial pereza son diferentes a, diga-mos, una regla arbitraria que dicta que hay que utilizar siempre un posavasos. Las reglas de tu casa te ayudan a avanzar durante el día de una manera que garantiza que las fichas de dominó permanezcan en posición vertical hasta que estés lista para tum-barlas en la dirección que desees en lugar de que caigan hacia atrás por sí mismas porque un niño se olvidó de meter el zumo de manzana en la nevera.

La conexión, no la protección, es el objetivo.

## Cómo evitar la caída de la primera ficha de dominó

Pisar un Lego no me convertirá en un monstruo, pero pisar un Lego después de haber limpiado los mocos del sofá, encontrar una hoja de permiso escolar que vencía hace dos semanas y darme cuenta de que me olvidé la caja de botellas de leche en el maletero del coche me convertirá en Godzilla durante unas horas.

¿Cómo puedes identificar esa primera ficha de dominó y evitar que se caiga? Empieza a prestar atención a cuándo proteges en lugar de conectarte. ¿En qué momentos del día te aíslas o te enojas con regularidad? ¿Qué es lo que hace tu hijo que hace que te subas por las paredes?

Identifica cuándo te sientes enfurecida y protectora actualmente, pero elige estar comprometida y conectada. Al crear una regla de la casa para evitar que esa primera ficha de dominó se caiga, mantienes el resto de las fichas, y tu conexión con los demás, en posición vertical.

Recuerda que la genial pereza empieza con algo pequeño. Una regla cada vez. Mantén a todo el mundo a bordo y comprueba qué sucede.

## Ninguna regla de la casa se adapta a todas las casas

Lo que funciona para mí no necesariamente funcionará para ti. Todos priorizamos cosas diferentes, todos tenemos distintos desencadenantes para nuestras emociones y todos experimentamos la conexión de manera diferente.

Mientras comparto contigo las reglas de mi casa, presta más atención a cómo descubrí cada regla en sí. Es mejor para ti ver el proceso de identificar una regla de la casa que seguir la mía al pie de la letra. No copies la regla de otra persona, aunque te resulte más fácil hacerlo. Puedes confiar en tu propia voz y elegir las que mejor funcionen para ti.

Ahora repasemos algunas de las reglas de mi casa.

## Regla de la casa para después de la escuela

Ya he hablado aquí de la locura después de la escuela. La cantidad de tareas que tienen que encajar en ese intervalo de dos horas entre la salida de clase y la cena es algo estúpido, y es fácil convertirse en una mamá Hulk en cuestión de minutos.

He eliminado gran parte de esa angustia al hacerme la Pregunta Mágica: ¿Qué puedo hacer ahora para que después de la escuela sea todo más fácil? Respuesta: una bandeja de bocadillos o de aperitivos. Pero una fuente de aperitivos no es una regla. No se hace todos los días, y no es lo único que evita que mis fichas de dominó se caigan.

Después de prestar mucha atención a nuestras tardes durante un tiempo, me di cuenta de que el punto de partida para mí, la primera ficha de dominó tambaleante, eran las cosas de la escuela en el suelo. Los chicos solían llegar a casa de la escuela e inmediatamente soltaban sus mochilas y sus fiambreras, e inevitablemente me tropezaba con ellas dos minutos después y me sentía como una presa en la naturaleza. Mi instinto de supervivencia está muy desarrollado.

Además de activar mi respuesta al estrés, las cosas de la escuela en el suelo hacían que todo lo demás terminara allí. Junto con sus mochilas y fiambreras, los niños sacaban las carpetas con los deberes y los libros, y todo se perdía porque el suelo era aparentemente como el Triángulo de las Bermudas. El desorden es un imán, y el desorden del suelo me parece mucho más abrumador (y atractivo para mis hijos) que el desorden de la encimera de la cocina.

Entraba la hermanita, que empezaba a caminar. Annie veía el proyecto de arte descartado de su hermano mayor, asumía que era suyo y lo agarraba. Tenía tres años y cualquier cosa que hubiera en el suelo era un juego. Cuando el hermano mayor la veía jugando con su proyecto de arte, gritaba y gimoteaba porque se le rompía el corazón, lo que hacía que el otro hermano gritara y sollozara porque no sabía cómo procesar las muestras de emoción de otras personas. Mientras tanto, Annie rompía el proyecto de arte por la mitad y a mí no me daba tiempo de detenerla porque había tropezado con otra mochila.

Crees que estoy bromeando, pero ésa era una tarde normal. El pobre Kaz presenciaba una emotiva pelea a cuchilladas cada vez que llegaba a casa del trabajo.

¿Adivina cuál es nuestra regla de la casa después de la escuela?

¡Las cosas de la escuela en la estantería! ¡Las cosas de la escuela en la estantería!

Tengo que decirlo varias veces cuando llegamos a casa porque todavía se olvidan, pero esa cantinela es mejor que la alternativa descrita anteriormente.

Nuestra regla de la casa ha cambiado las tardes por completo. El lío está contenido. Las hojas de tareas y los permisos escolares no se pierden. Ya no me golpeo los dedos de los pies. Annie todavía no puede alcanzar los estante altos, por lo que no puede atormentar a sus hermanos cogiéndoles las cosas. Y mamá no se convierte en un monstruo aterrador que se enfada por estupideces. En cambio, puedo conectarme mejor con mis hijos después de la escuela.

Nuestra regla de la casa para después de la escuela detiene la caída de la primera ficha de dominó, y las tardes son más tranquilas. No del todo pacíficas porque eso es imposible, pero es más probable que todavía disfrutemos unos de otros a la hora de la cena gracias a una simple regla de la casa.

## Una regla de la casa para la encimera de la cocina

Todos los libros de diseño de interiores y programas de la HGTV[2] dicen que la cocina es el corazón del hogar, por lo que a menudo te sientes como si tuvieras un infarto leve. Tienes que cocinar todas las comidas allí, es probable que esté llena de cosas no comestibles como correo o bolsas de ropa que llevarás a la

---

2. Canal norteamericano de televisión de pago propiedad de Discovery, Inc. *(N. del T.)*

beneficencia, y ¿quizá es el lugar que se ensucia más rápido porque es el más transitado?

Si te sientes abrumada por el desorden de tu cocina y sientes que nunca podrás solucionarlo, es muy probable que dejes que eso derribe una fila de fichas de dominó.

Te frustra que a nadie más le importe que las cosas estén limpias y te retiras.

Encuentras tu bolígrafo favorito en la encimera bajo un pegote de mantequilla de cacahuetes porque vives con verdaderos animales, y te enfadas.

Te dices a ti misma que todo es culpa tuya porque eres una pésima ama de casa y no puedes hacer nada bien, y les sueltas un varapalo verbal a todos los demás.

Suena dramático, pero eso no lo hace menos cierto. Las cosas sin importancia de repente parecen excesivamente importantes y no sabes por qué sientes todas estas emociones en una cocina desordenada.

Las reglas de la casa no son un permiso para ignorar esos sentimientos o mantener el control sobre tu cocina y tu vida; eso es protector. En cambio, una regla de la casa es una herramienta para respaldar lo que importa y evitar que vayas demasiado lejos por un camino que no te gusta recorrer. Si ese camino comienza con la frustración por una cocina desordenada, considera esta regla de la casa: la encimera de la cocina no es un lugar de almacenamiento.

Si piensas en la encimera de la cocina como en un estante o en un cajón, dejarás cualquier cosa encima y allí se quedará por los siglos de los siglos: una pila de correo tirada encima del frutero; un sacacorchos junto al jabón para los platos; los libros de cocina demasiado cerca del fregadero.

El desorden es un imán, por lo que cuantas más cosas dejas en la encimera de la cocina, peor se pone. Y también empeora tu actitud. Quizá eres más Zen que yo, pero a mí me cuesta concentrarme en la conexión cuando estoy de mal humor y enfadada. Es posible, pero es difícil.

Utiliza la cocina, pero haz que funcione para ti. Una regla de la casa como ésta no está destinada a hacer que la cocina parezca un reportaje de revista o parte de una casa que está en el mercado. Vive. Pero si descubres que la cocina no funciona tan bien como te gustaría, tal vez las encimeras desordenadas sean las culpables, y una regla de la casa puede ayudar.

Mira la encimera y observa lo que podría guardarse en otra parte. No te comprometas todavía; sólo mira. El cuenco de plátanos y naranjas está bien sobre la encimera; la bolsa de plástico llena de bolsas de plástico no. El tarro de espátulas y tenazas tiene sentido junto a los fogones; una pila de revistas no. El molinillo de pimienta queda perfecto en la encimera, pero es incómodo que para alcanzarlo tengas que sortear el frasco del jarabe para la tos del niño, algo que nunca me ha pasado a mí.[3]

Tal vez te sientas más aliviada con el recordatorio de que tus encimeras están diseñadas para servirte en tu cocina en lugar de servir como un cajón de trastos. A medida que disfrutes de la utilidad de la cocina y de la amplitud de la encimera, también sentirás un poco más de espacio en tu alma. Luego, esta tarde, cuando tu hija se siente en la encimera para hacer un brazalete de cuentas mientras preparas la cena, no te enfadarás con ella por contribuir a un desastre que ya te abruma.

En cambio, ahora tienes el camino allanado para conectarte con mayor facilidad.

## Una regla de la casa para el armario

Ésta es más para mí que para mi familia, pero de todos modos es útil.

Una de las áreas donde me siento más protectora es mi cuerpo. Como ya he dicho antes, tengo una verdadera bodega de

---

3. En realidad me ha pasado varias veces; y en más de una ocasión podría haber acabado en una sopa de dudoso sabor.

equipaje, y las prendas que me pongo son fundamentales para lidiar con ello.

Si me siento yo misma con mi ropa, es más fácil para mí sentirme yo misma con la habitación. Puedo conectarme con los míos en lugar de protegerme escondiéndome o disculpándome por el espacio que ocupo, tanto literal como figuradamente.

Sin embargo, durante años no confié en mi opinión sobre cómo me veía con lo que vestía, así que siempre quería una segunda opinión. No está mal preguntarle a tu novia qué piensa de tus pantalones nuevos. En muchos sentidos, es algo vulnerable y bueno. Te expones mediante un mensaje de texto o en un probador y dejas que alguien te mire. Para la mayoría de las mujeres, eso es un triunfo en sí mismo.

Mi problema era que confiaba en la opinión de otra persona antes que en la mía, así que compraba lo que mi amiga, mi madre y *Real Simple*[4] me decían que comprara. Si realmente me gustaba un jersey pero a alguien más no, no lo compraba. Si alguien me dijera que me veía «muy guapa» con un vestido, lo compraba aunque acabara pareciéndome a un pastelito demasiado decorado. Los vestidos de *cupcakes* son geniales, pero prefiero el negro y los vaqueros y las rayas ocasionales. Básicamente, me siento como yo misma cuando me visto como Steve Jobs.

En consecuencia, tenía un armario lleno de ropa que nunca utilizaba. ¿Se equivocaban mis amigos cuando me decían que cierta ropa me favorecía? En absoluto, pero sólo yo sé lo que realmente me pondré. Si me pongo algo con lo que no me siento cómoda, eso me cohíbe y soy muy consciente de cómo me veo en lugar de ser consciente de la persona con la que estoy hablando.

Un armario lleno de ropa elegida por otra persona me lleva a la protección, no a la conexión.

Lo adivinaste. Ahora tengo una regla de la casa para el armario: no compres ropa que otra persona diga que deberías comprar.

---

4. Revista mensual de moda, *parenting*, psicología y decoración del hogar publicada por la Meredith Corporation. *(N. del T.)*

¿Es ésa una regla de la casa universal para todas las personas que van de compras? Absolutamente no. Pero es una que necesito para evitar que caiga la primera ficha de dominó.

## Reglas de la casa menos emocionalmente tensas

Tal vez hayas canalizado demasiada energía para empezar, así que aligeremos un poco el estado de ánimo. Sí, las reglas de la casa te ayudan a evitar que caiga la primera ficha de dominó, pero no necesariamente tienen que relacionarse con inseguridades a nivel de terapia.

Simplemente te mantienes enfocada en lo que importa, y algunas cosas que importan son supersimples.

### Una regla de la casa para la lectura

Me encanta leer, pero pierdo el impulso con facilidad. Para mantener el impulso en la lectura, tengo una regla de la casa: comenzar un nuevo libro dentro de las veinticuatro horas después de haber terminado el último.

Si te gusta procesar lo que has leído y pensar en ello durante un tiempo, esta regla de la casa es lo opuesto a lo que deseas. Pero yo no soy ese tipo de lectora. Mis libros favoritos son las novelas distópicas con una heroína en problemas, una sociedad patriarcal que necesita derrumbarse, un amor no correspondido entre la heroína y alguien dentro de esa sociedad patriarcal, y algunas armas mágicas o planetarias arrojadas en buena medida. Por lo general, esos libros no tienen el tipo de mensajes que me gustaría contemplar durante horas mientras miro por la ventana.

He aprendido que si no empiezo un nuevo libro el día después de terminar el último, pierdo el impulso de lectura. Como adoro los libros y gasto más dinero en ellos que en cualquier otra cosa, quiero cultivar hábitos que apoyen esta actividad que amo, que me importa.

Tengo una estantería llena de libros que me emociona leer, un Kindle Paperwhite en mi bolso y un sistema para realizar un seguimiento rápido y fácil de lo que he leído, pero personalmente necesito una regla de la casa para volcar mi primera ficha de dominó.

## Una regla de la casa para los teléfonos en la mesa

Siento que ésta existe en muchos hogares. No es así en el nuestro porque nuestros hijos aún no tienen teléfonos y porque parte de nuestro ritmo de la cena es conectarnos con los abuelos a través de FaceTime.

Dicho esto, la regla de la casa de no tener teléfonos en la mesa proviene del deseo de conexión.

Los teléfonos en la mesa pueden inclinar esa primera ficha de dominó, lo que resulta en una cena distraída sin que nadie preste atención a nadie más y tú te sientas irritada con todos por no hablar o permanecer en silencio y te reprendes a ti misma por fallar como madre.

(Está bien, tal vez esto también se inclina hacia el nivel de la terapia).

Los teléfonos no son malos, pero si son una distracción de lo que importa, como una conversación alrededor de la mesa, considera una regla de la casa que evite que caiga la primera ficha de dominó.

## Una regla de la casa para limpiar

El desorden no es malo. De hecho, la desorganización es un signo de vida, pero varios desbarajustes concatenados a veces pueden generar desorden y sentimientos de abrumadora frustración.

Para mantener nuestro desorden lo más intencionado posible, mi familia tiene una regla de la casa: limpiar un desorden antes de comenzar uno nuevo.

Limpio el desorden de la cena antes de hornear un pastel. Mis hijos limpian y recogen las láminas de su proyecto de arte de la tarde antes de construir una pista de coches en el suelo de la sala de estar. Como familia, guardamos la ropa antes de montar un concurso de American Ninja Warrior con las almohadas del sofá.

Es una simple regla de la casa centrada en lo que importa: hermosos desórdenes que conducen a la conexión.

### Una regla de la casa para encontrar las llaves

No te gusta sentir la prisa. No te gusta llegar tarde.

Si la fila de fichas de dominó cae porque sigues perdiendo tus llaves o tu hijo estudiante de secundaria se las deja accidentalmente en el bolsillo de los pantalones que lleva en ese momento en un lugar que no es tu hogar, crea una regla de la casa: las llaves van en esta canasta y en ningún otro lugar.

Todo el mundo sigue la regla, todo el mundo sabe dónde encontrar las llaves, y la primera ficha de dominó de buscarlas no hace caer otras fichas de frustración y pensamientos de que tu hijo es un irresponsable.

## Buscar reglas de la casa

¿Qué fila de fichas de dominó quieres evitar que caiga? ¿Qué hábitos tienes que te distraen de lo que importa?

Empieza a prestar atención a dónde o con qué o cuándo te olvidas de la conexión, y luego retrocede. Una vez llegues a una posible primera ficha de dominó, prueba a establecer una regla de la casa.

Diré de nuevo que no se trata de control. No tratamos de convertirnos en un ejército de mujeres robots zen. Los desórdenes suceden. Se producen crisis emocionales. Las fichas de dominó caen y pedimos disculpas a nuestra gente cuando lo hacen.

Pero en lugar de atribuir estos sucesos al «así soy yo», podemos elegir reglas de la casa que nos ayuden a crecer y a convertirnos en seres humanos más amables.

Las reglas nos brindan formas prácticas de identificar cuándo nos estamos convirtiendo en versiones de nosotros mismos que no disfrutamos tanto y nos ayudan a mantenernos enfocados en lo que importa.

Busca lugares para utilizarlas, invita a tu familia a usarlas y comprueba que la vida es mejor si las seguís.

## RECUERDA

- Las reglas de la casa se refieren a la conexión, no a la protección. Evitan que la primera ficha de dominó se vuelque y haga caer a otras muchas más.
- Ninguna regla de la casa se adapta a todas las casas. Elige la que funcione mejor para la tuya.
- El objetivo no es mantener el control, sino estar en un mejor espacio mental para interactuar con lo que importa, es decir, los tuyos.

### UN PEQUEÑO PASO

¿Tu familia se pelea de manera regular por algo en particular? Tened una conversación informal todos juntos y pensad en ideas para una regla de la casa simple que podría evitar que esa frustración se convierta en una pelea. La creación de reglas de la casa no depende sólo de ti. De hecho, crearlas en equipo es una de las mejores partes de ser una familia.

Hay una regla de la casa que merece su propio capítulo: Pon todo en su lugar.

Vamos.

# PON TODO EN SU LUGAR

## Principio de la genial pereza # 7

Sueño en secreto con vivir en una casita. ¿Una bañera que se convierte en un tabla de planchar? ¿Un armario que también funciona como frigorífico? ¿Todos los artículos son blancos o de color pino y son asombrosos?

Apúntame. Más o menos.

De verdad, lo que quiero es sencillez.

El atractivo emocional de una casa pequeña o de vivir en una camioneta, para mí, es la ausencia de desorden. Puedes ver todo lo que tienes, sabes dónde mirar cuando algo se pierde y te inclinas hacia los límites que impone un pequeño espacio.

Aunque una casa pequeña no tiene ningún sentido para nosotros, todavía me tienta su enfoque genial. Creo que necesito empezar de nuevo desde cero y vivir con muy poco si quiero tener algún tipo de control sobre mis cosas.[1]

Cuando me doy cuenta de que, en conciencia, no puedo venderlo todo para no tener que limpiar nunca más mis armarios, podría decidir ser perezosa y dejar que la entropía siga su curso. Sin reglas, cada uno con lo suyo, ¿y qué pasa si terminamos en Hoarders?[2]

---

1. Esto no es cierto para todas las personas que optan por vivir en una casa pequeña. Pero lo sería para mí.

2. *Reality show* norteamericano que muestra las dificultades que sufren personas con síndrome de Diógenes (acaparamiento compulsivo), y el tratamiento al que se someten. *(N. del T.)*

A pesar de que todos los genios o todos los perezosos podrían ser carne de *reality show,* no es un gran plan a largo plazo. Tú y yo necesitamos una manera de abordar nuestras cosas y, afortunadamente, tenemos una.

## La verdad sobre tu espacio

Independientemente de cuánto tengas, éste es el principio de la genial pereza con el que vivir: ponlo todo en su lugar, lo que significa que todo necesita un lugar.

Si miras tu casa como finita (que lo es) y los sistemas de almacenamiento entre sus paredes como finitos (que lo son), los límites vienen incorporados. Sólo tienes un número limitado de lugares para poner tus cosas.

La razón probable por la que te sientes abrumada por el desorden de tu hogar es que éste parece un cubo de basura gigante. No me refiero a que tus cosas sean basura, pero las guardas como si lo fueran.

Cuando tus cosas están repartidas en montones y apiladas en una nada desdeñable variedad de cestas, no les estás dando un lugar real donde puedas encontrarlas nuevamente.

Encantado de conocerte, desorden.

Tu reacción al desorden probablemente sea como la mía: quemarlo todo. Tienes demasiadas cosas y estás lista para deshacerte de hasta el último elemento. Pero el desorden no significa necesariamente que tengas demasiadas cosas. Significa que tus cosas no tienen un lugar. Cuando pones todo en su lugar y vives dentro de los límites del espacio de tu hogar, tu casa está en paz y mantienes lo que más te importa.

No tienes que convertirte en minimalista, sólo tienes que guardar tus cosas.

> El desorden no significa necesariamente que tengas demasiadas cosas. Significa que tus cosas no tienen un lugar. Cuando pones todo en su lugar y vives dentro de los límites del espacio de tu hogar, tu casa está en paz y mantienes lo que más te importa.

## Hacer espacio para lo que importa

Tengo varias estanterías porque tengo varios cientos de libros. Amo los libros y la lectura con todo mi corazón, así que para mí es importante mantener un espacio para ellos. Ésta es la clave para ponerlo todo en su lugar. Tu hogar está destinado a contener lo que te importa a ti y a tu familia. Si algo no importa, guardarlo es quitarle espacio a algo que sí.

Si pongo en mis estanterías algo más que libros, como he visto en todas las revistas de diseño, es bonito pero inútil. Las baratijas y los jarrones ocupan el espacio de los libros, que me importan mucho más que una estantería con estilo.

Si eres como yo y te encantan los libros, tal vez la respuesta a tus problemas de almacenamiento no sea otra estantería, sino limpiar las cosas que importan menos que tus libros. Acepta lo que importa y deshazte de lo que no.

Cuando coloques todo en su lugar dentro de los límites naturales de tu hogar, verás lo que no importa simplemente porque no tiene un lugar donde aterrizar.

Deja espacio para lo que importa y verás más claramente lo que no.

# El problema de las purgas con bolsas de basura gigantes

Siempre que alguien me recuerda lo simple e intencionado que podría ser mi espacio, mi instinto es agarrar un rollo de esas enormes bolsas negras de basura y tirarlo todo al contenedor. He pasado por el área de entrega de donaciones de la tienda de artículos de segunda mano que hay al final de la calle más veces de las que puedo contar.

Lo entiendo. Comenzar de nuevo, preferiblemente sin provocar un incendio intencionado, es tentador.

Quieres despejar tu agenda y tirarlo todo, pero eso no es más que una tirita.

Como muchos sistemas grandes, una purga con bolsas de basura sólo te llevará hasta cierto punto. Es posible que consigas un atisbo de una vida libre de desorden, pero de alguna manera terminarás de nuevo donde estabas hace seis meses. ¿Cómo sucede eso?

Puede que no necesites menos cosas, pero definitivamente necesites mejores hábitos relacionados con las cosas.

Concéntrate en los pequeños hábitos diarios alrededor de tus cosas, y tu casa se verá más organizada y acogedora sin que ni siquiera te des cuenta de cómo lo has conseguido.

¿Te unes? Hablemos de hábitos relacionados con las cosas.

## Hábito sobre las cosas # 1: pon todo en su lugar lo antes posible

Las cosas son un imán. Lo juro, una carta del correo en la encimera acaba convirtiéndose en cinco minutos en una Torre Inclinada de Cajas de Pizza Hut. Tus cosas se acumulan sin que te des cuenta, y si no pones todo en su lugar con regularidad, volverás a buscar las bolsas de basura o las cerillas, ninguna de las cuales es la solución que buscamos aquí.

Pon todo en su lugar tan pronto como puedas y neutralizarás al imán del desorden. Volcar esa primera pieza de dominó hace que toda tu casa funcione de una manera que deja espacio para lo que importa.

Empieza poco a poco y empieza temprano. Por ejemplo, después de preparar el café por la mañana, guarda la leche y pon la cuchara en el fregadero o en el lavaplatos. Enjuaga la cafetera cuando sirvas la última taza. Anima a tus hijos a guardar los cereales después de servirlos en lugar de esperar hasta que todos se apresuren a salir por la puerta o, peor aún, horas después, cuando estés limpiando la mesa del desayuno para poner la comida. Pon el correo en la canasta cuando entres por la puerta. Deshaz las maletas tan pronto como llegues a casa después de las vacaciones.

Ya no me gusta la vida perfecta del robot, pero esta regla puede sonar alarmantemente similar a eso. Sin embargo, el objetivo de guardar las cosas no es tener una casa perfecta o ser una persona que lo tiene todo controlado. La cuestión es evitar que tus cosas crezcan como hongos, para que no te sientas descontenta.

Guardar tus cosas te ayuda a sentir gratitud por lo que tienes en lugar de frustrarte por la cantidad de espacio que ocupan.

## Hábito sobre las cosas # 2: saber dónde irá algo antes de llevarlo a casa

Cada artículo nuevo que lleves a casa (comestibles, ropa, baratijas, cestas de almacenamiento) necesita un lugar.

Cuando estás en la tienda y piensas comprar algo, por lo general, la consideración es si vale la pena el precio o si incluso puedes pagarlo. Nos encantan las ofertas y nos encanta la chispa de las cosas nuevas, especialmente cuando están en oferta.

¿Qué pasa si, en cambio, te preguntas dónde lo pondrás? Y «encontraré un lugar» no es una respuesta aceptable.

¿Puedes visualizar en qué sitio de tu despensa o armario lo pondrás? ¿Tendrás que apartar otros artículos para que encaje? ¿Estás dispuesta a tomar una decisión fija de que ese artículo será útil en tu hogar y para ti? Hacerse este tipo de preguntas antes de realizar una compra es un hábito increíblemente eficaz. Estoy a favor de ir de tiendas, y de las cosas nuevas, pero compra esos artículos sólo si son importantes para ti y tienen lugares definidos en tu hogar. De lo contrario, estás contribuyendo al desorden.

## Hábito sobre las cosas # 3: tirar la basura

No estoy siendo condescendiente. Ignoro muchas cosas que podría tirar a la basura, y probablemente tú también.

Cuando pienso en la basura, pienso en las cosas obvias y marginalmente asquerosas: pañuelos de papel, pañales sucios, posos de café. Pero la basura también es el juguete roto que sigues poniendo en la caja de juguetes, el control remoto que todavía está en la mesa de café aunque es el de hace dos televisores, la pinza para el cabello que ya no se cierra.

Cuanto más permanece algo en nuestro entorno, más olvidamos que está allí, y esto es definitivamente cierto para las cosas que se han convertido en basura. No dejes que se quede ahí y añada desorden a tu hogar, especialmente porque sus poderes magnéticos son aterradores. Pon la basura en su lugar tirándola. Esto parece obvio, pero generalmente son las cosas más obvias las que olvidamos.

## Hábito de cosas # 4: guardar una cosa al día

Ciertas áreas de tu hogar están tan abarrotadas de cosas al azar que parece algo insuperable.

Sabes de qué estoy hablando porque todos tenemos al menos un espacio como ése. Es la encimera de la cocina, la caja de los trastos, la cómoda del dormitorio, el armario del pasillo. A menudo, es demasiado molesto guardar todos esos elementos aleatorios o, peor aún, encontrar un lugar para ellos si no lo tienen. La mayoría tenemos un área donde esos objetos caprichosos se quedan hasta que tenemos tiempo para lidiar con ellos.

Cosa que nunca hacemos.

Luego se vuelven magnéticos y se multiplican, y comienzas a buscar en Google casas pequeñas de nuevo.

En su lugar, elige la más pequeña y manejable de esas áreas donde las cosas van a morir, y guarda una cosa al día.

Sólo una.

Parece insignificante, pero con eso logras dos cosas importantes. La primera, estás poniendo todo lentamente en su lugar, y lento es mejor que nada. La segunda, estás cultivando el hábito de poner todo en su lugar, algo que te servirá para toda la vida.

## Hábito de las cosas # 5: haz una pequeña purga semanal

No importa lo organizada que seas, cada área de tu hogar necesita una purga periódica.

Es útil eliminar lo que ya no necesitas y lo que ya no te importa para dejar espacio para lo que sí te importa.

Si puedes guardar una cosa al día y estás lista para más, prueba con una pequeña purga semanal. Elige un día de la semana en el que normalmente tengas unos minutos y purga un espacio pequeño.

Cuanto más grande sea tu casa, más larga será tu lista de espacios pequeños, pero si te ocupas regularmente de esas áreas pequeñas, semana tras semana, por ejemplo, adquirirás un ritmo de purgar tu hogar de lo que ya no te importa sin convertirlo en un proyecto masivo cada vez que te veas demasiada abrumada por tus cosas.

Esos espacios pequeños pueden ser una caja de trastos, la cómoda de tu hijo, el espacio debajo del lavabo y la canasta de juguetes de la sala de estar. Algunos espacios son más grandes que otros, pero te animo a que no te líes con una habitación entera. Es demasiado para hacerlo rápido, así que empieza con algo pequeño.

Recuerda, no estás organizando, sólo estás purgando. Simplemente saca lo que ya no necesitas y lo que ya no importa y ponlo en una bolsa o en una caja.

Ahora tienes más espacio para lo que importa. Hay poco en juego, baja la presión y da buenos resultados.

## Hábito de las cosas # 6: presta atención a lo que te dicen tus cosas

Cuando coloques todo en su lugar una y otra vez, te darás cuenta de lo que importa y de lo que te sobra. Tus cosas te dirán si deben quedarse.

¿Siempre apartas varios pares de zapatos para llegar al que quieres? Tal vez sea hora de tirar esos otros zapatos. ¿Sigues moviendo latas de leche de coco para llegar a los *briks* de caldo de pollo? Tal vez no te guste cocinar con leche de coco y debas dejar de comprarla, aunque Internet te jure que es excelente. ¿Siempre pones los mismos juguetes en su canasta, pero nunca ves a tu hija jugando con ellos? Puede que esos juguetes estén en la misma canasta que el juguete que a ella realmente le gusta, y molestan para encontrar lo que le importa.

Escucha lo que le dicen tus cosas y deshazte de lo que no importa.

A medida que pongas todo en su lugar día tras día utilizando estos hábitos, es probable que escuches esos mensajes con mayor claridad.

## La locura de guardar juguetes

«Gracias, Kendra, por todas tus ideas y buenas intenciones, pero ¿y todos esos camiones y teteras que pertenecen a mis hijos? ¡Los guardo sólo para verlos salir dos minutos después!».

De acuerdo, es muy molesto.

Hagamos un juego e imaginemos dos escenarios diferentes de sala familiar.

Escenario 1: ordenar a veces se parece a nadar contra la corriente. La habitación nunca queda ordenada, así que ¿para qué molestarse? Los juguetes se quedan fuera y los niños parecen estar bien. Pero, por alguna razón, a pesar de que el suelo y la mesita de café están cubiertos con todos sus juguetes favoritos, los niños están de mal humor y se quejan de que no tienen nada que hacer.

Es porque están abrumados por la elección y es muy posible que ni siquiera vean qué juguetes están disponibles. El desorden se ha convertido en ruido de fondo porque no hay nada en su lugar.

Ahora tienes un problema con las cosas y con los lloros del niño. No, gracias.

Escenario 2: tú (y tus hijos, si lo deseas) ordenas una vez al día. Tal vez reinicies la casa por la noche para que cuando se despierten por la mañana puedan descubrirlo todo de nuevo. Tal vez ordenas al mediodía, antes de la siesta, para que las mentes adormecidas no se abrumen cuando se despierten y puedan elegir con qué jugar.

Recuerda por qué pones todo en su lugar: para asegurarte de tener espacio para lo que importa, para cultivar la satisfacción y para conectarte.

Todo se trata de conexión, porque la conexión es lo que más importa.

Limpiamos para que se pueda hacer un nuevo desorden. Es molesto pero al final vale la pena.

## NO TE DEJES ENGAÑAR
## POR EL PROPÓSITO INCORRECTO

Recuerda, porque practicas la genial pereza, que puedes preocuparte por lo que te importa.

Si una casa ordenada es importante, ordena.

Si una casa limpia te hace feliz, limpia con gusto.

Pero no te dejes engañar.

La limpieza no te hace mejor y el desorden no te hace más real.

Se te permite que te guste el orden, limpiar tu casa antes de que la gente venga y limitar lo que entra en tu hogar porque el desorden afecta negativamente a tu vida interior.

También se te permite vivir en desorden, invitar a amigos a tu desorden y tener más de lo que necesitas.

En ocasiones, la mayoría de nosotros nos movemos en ambos sentidos.

A medida que practiques este principio de poner todo en su lugar, es probable que experimentes alegría como resultado. Una casa ordenada sienta bien. Es un placer abrir los armarios que no están desbordados. Poder ver lo que tienes es gratificante.

Pero nada de eso tiene que ver con tu valor como persona. No lo olvides. Tu casa puede ser un reflejo de tu personalidad, pero su estado no es un reflejo de tu valor.

# RECUERDA

- Vive dentro de los límites de tu espacio, sin importar cuán grande o pequeño sea. El hogar de todos es finito.
- Al poner todo en su lugar, verás lo que no importa. Conserva sólo lo que importa.
- El desorden en tu hogar podría deberse a que tienes demasiadas cosas, o podría significar que necesitas mejores hábitos de consumo.

## UN PEQUEÑO PASO

Ordena una cosa. Mañana, hazlo de nuevo.

Cada vez que en la comunidad *online* de la Genial Pereza hablo de ordenar, inevitablemente alguien dice: «¡Me encanta, porque ahora puedo invitar a la gente!». Hemos mencionado brevemente cómo puedes hacerlo sin importar el estado de tu casa, pero ¿qué significa realmente dejar entrar a la gente no sólo a tu casa, sino a tu vida?

# DEJA ENTRAR A LA GENTE

## Principio de la genial pereza # 8

Cada año, las mujeres de mi preciosa y diminuta iglesia vamos juntas a un retiro en la playa, y siempre jugamos a la silla caliente. En caso de que no te suene el juego, es bastante simple: alguien se sienta en medio de la sala mientras el grupo le hace preguntas al azar sobre sí misma. Es una manera de conocerse y escuchar historias sobre rupturas, películas favoritas y la última vez que alguien se orinó en los pantalones.

Cuando mi amiga Francie fue llamada a la silla caliente, se acercó al taburete y dijo: «No sé cómo sentirme ahora porque preferiría quedarme en la parte de atrás de la habitación, ¡pero también quiero que todos sepan cosas de mí!». Nos reímos, porque lo conseguimos.

Tener relaciones y dejar que los demás entren en nuestros hogares, o en nuestros desórdenes personales, es algo que queremos y evitamos simultáneamente.

Dejamos que el miedo al rechazo empañe el deseo de conexión.

«¿Les agradaré?».

«¿Me gustarán?».

«¿Cómo dejo que salga todo?».

«¿Y si prefiero estar sola pero también a veces me siento sola?».

«¿Cómo puedo invitar a alguien a cenar cuando apenas puedo alimentar a mi propia familia sin volverme loca?».

La mayoría nos hacemos estas preguntas u otras similares, así que si te sientes como la oruga social rara que aún no se ha convertido en mariposa, no te preocupes. Todos tenemos miedo de dejar entrar a la gente hasta cierto punto.

En realidad, mi historial personal es bastante pobre. Oh, ¿te gustaría escuchar los detalles?

Seguro.

## Cómo *no* dejar entrar a la gente

Si me dieran un dólar por cada vez que un amigo me dijera: «Somos amigos y me gustas, pero no siento que te conozca de verdad», tendría como seis dólares.

Tal vez el dinero no sea el mejor ejemplo en este caso, pero cuando sólo has tenido una docena de amigos realmente cercanos durante tu vida adulta, seis es un número bastante asombroso.

He tratado de ser una amiga tanto de forma perezosa como genial.

La forma perezosa era actuar perfectamente bien por mi cuenta, no preocuparme cuando me pasaban por alto para una invitación y rechazar el intento de alguien por conocerme mejor. La forma perezosa era desaparecer.

Permíteme compartir dos ejemplos esclarecedores y posiblemente embarazosos.

El primero es sobre la escuela secundaria. Tenía un pequeño grupo de amigas a las que les caía muy bien, aunque no salía con ellas después de la escuela o los fines de semana. Almorzábamos juntas y me sonreían por los pasillos, pero yo no era la persona a quien acudir. Quería serlo, pero nadie lo sabía porque actuaba como si me pareciera bien tal como estaban las cosas.

En la escuela mantenía la distancia con todos los demás, con la esperanza de salir ilesa, sin importarme que alguien supiera o no mi nombre. Aparentemente lo logré, porque cuando pronuncié el discurso de graduación, pude escuchar los murmullos de mis compañeros de clase diciendo: «¿Quién es ésa? ¿Viene a este curso?».

¿Viene a este curso?

Logré mi objetivo, pero fue deprimente.

El segundo ejemplo es sobre la universidad. En mi primer año, viví con otras siete chicas. Me invitaban a ir a casa con ellas durante el fin de semana o salir a fiestas, pero como tenía miedo de que me conocieran y había tomado el enfoque perezoso de no importarme (aunque me importaba mucho), les decía que no a todas las invitaciones y me quedaba en casa muchas noches en mi dormitorio, comiendo yogur helado de chocolate y viendo una serie.

Eso es realmente triste.

Alrededor del comienzo del segundo curso, cuando estar sola se volvió demasiado duro, traté de ser una amiga a la manera genial. Me preocupaba obsesivamente por lo que la gente pensaba de mí y traté de adelgazar (aquí es cuando mi trastorno alimentario se aceleró a fondo). Pensaba que la manera de ser una buena amiga era ser perfecta, tener un aspecto perfecto, conocer a todos y ser un modelo de buen comportamiento y un faro de sabiduría.

Sí, tienes razón, no cultivé muchas amistades profundas durante esos años.[1]

Afortunadamente, durante la última década, mi visión de la amistad ha cambiado.

He llegado a aceptar lo que importa en las amistades: la honestidad, la vulnerabilidad y el acercamiento a través del conflicto. Estoy aprendiendo a esforzarme en esas cosas y a cultivar relaciones que me convierten en una mejor versión de mí misma. Ser amada por quien soy y amar a los demás de la misma

---

1. Jess, eres mi mayor arrepentimiento de ese momento. Gracias por buscarme incluso cuando te cerré la puerta. Sé que recuerdas nuestra relación de manera diferente, pero desearía dejarte entrar en ese entonces. Tuve muchas oportunidades y no las aproveché. Y sé que estás leyendo esto porque sigues siendo una de mis mayores animadoras, incluso desde la distancia. Gracias por amar mis bordes duros con tanta fidelidad.

manera es un nuevo enfoque de la amistad para mí, y nunca volveré a lo de antes. Esta manera es demasiado buena.

Entiendo que esto puede parecer un principio extraño para tratarse de la genial pereza, pero si quieres abrazar lo que importa, las relaciones son lo primero de la lista. Si quieres ser un genio en algo de valor en tu vida, necesitas que otras personas te ayuden a serlo.

¿Cómo es dejar entrar a la gente?

## Por qué nos necesitamos unos a otros

Las relaciones te ayudan a comprenderte mejor a ti misma. Las conversaciones estimulan tus creencias sobre las personas y el mundo. Las amigas cuidan a tus hijos y te traen la cena cuando estás abrumada. Hacen buenas preguntas cuando no sabes cómo sentirte acerca de una gran decisión. Te hacen reír y te recomiendan series de televisión.

Cuando dejas entrar a la gente, encuentras apoyo y camaradería, y tú y los miembros de tu comunidad os veis unos a otros de manera más auténtica a medida que pasa el tiempo.

**No podemos vivir bien sin conexión y comunidad.**

No podemos vivir bien sin conexión y comunidad.

En *Los dones de la imperfección*, mi amada Brené Brown define el amor como «cuando permitimos que nuestro ser más vulnerable y poderoso sea visto y conocido profundamente, y cuando honramos la conexión espiritual que surge de esa ofrenda con confianza, respeto, amabilidad y afecto».[2]

---

2. Brown, Brené: *Los dones de la imperfección*, Gaia, 2016.

Incluso el más introvertido necesita ver y sentirse visto, tener a alguien con quien procesar las cosas, compartir con alguien un momento que recordar.

Nos necesitamos unos a otros para dar y recibir amor.

Claro, este principio no es tan brillante como el de la Pregunta Mágica, pero ¿sabes qué puedes hacer ahora para hacerte la vida más fácil en el futuro? Empieza a cultivar amistades, deja entrar a la gente.

Admito que su deseo de conexión tiene un tamaño y una forma diferentes a los míos, pero cada uno podemos, a nuestra manera, practicar este principio.

Deja que la gente entre en tu casa y en tu vida, con inseguridades y todo.

Si te gusta la vulnerabilidad, «Kendra, todavía no estoy lista», no te preocupes. Vamos a nadar al estilo perrito primero.

## Deja que las personas entren en tu casa

Quieres ser el tipo de persona que tiene relaciones profundas y eres lo suficientemente inteligente como para saber que eso es algo que no sucede de inmediato. Las amistades a menudo comienzan simplemente con unos espaguetis o una cacerola de sopa.

Empieza poco a poco e invita a alguien a tu casa. Pronto, como esta semana si puedes hacerlo.

Puede que seas anti-Kendra en este momento por varias razones:

- Crees que la comida tiene que ser perfecta, pero no sabes nada de cocina.
- Tienes una agenda ocupada y quieres irte a casa al final del día y no hablar con nadie, y soy un fastidio por sugerirte algo diferente.
- Has sido rechazada por una amistad antes y estás nerviosa por si vuelve a suceder.

Cada una de esas razones es válida y yo he experimentado profundamente las tres. Pero ¿qué pasaría si decidieras sólo por esta vez no dejar que esas razones tengan la última palabra?

## No te atrevas a disculparte

Escucha: no te disculpes. No me refiero a que no te disculpes por herir los sentimientos de alguien o por patear accidentalmente a un amigo en la espinilla. Me refiero a que no te disculpes por tu casa, tu comida o tu insuficiencia percibida. Me refiero a cuando ves una deficiencia y quieres asegurarte de que todos los demás sepan que tú lo sabes.

«Lo siento, la casa está hecha un desastre».

«Lo siento, está todo muy oscuro; teníamos la intención de pintar esta habitación».

«Perdón por el trabajo en progreso; teníamos la intención de terminar este proyecto».

«Lo siento si la comida no es buena; no me va mucho la cocina».

NO.[3]

Myquillyn Smith, gurú del hogar y amiga mía, dijo en su libro *The Nesting Place*: «Me di cuenta de que cuando me disculpo por mi hogar, les estoy diciendo a todos los que están al alcance del oído que no estoy contenta, que llevo la cuenta en silencio, que le doy mucha importancia a la apariencia de mi hogar y tal vez, sólo tal vez, también lo haga cuando visite tu hogar».[4]

Es probable que seas mucho más dura contigo misma que con cualquier otra persona, pero nadie más lo sabe. Si invitas a gente

---

3. Para aquellas de vosotras que escucháis el audiolibro, perdón por la repentina explosión de volumen.

4. Smith, Myquillyn: *The Nesting Place*, Zondervan, Grand Rapids, MI, 2014, 61.

y te disculpas por lo complicadas que son las cosas, sea cierto o no, pones a tus invitados alerta y te distraes del objetivo último de invitarlos: la conexión.

Quieres dejar entrar a la gente con la esperanza de que se conviertan en amistades, no para comparar tu vida con la de ellas o con cómo crees que debería ser tu existencia.

Quieres llenar tu casa de gente porque la gente importa. Conexión, conversación, risas, buena comida, vulnerabilidad, todas estas cosas importan. Y como son importantes, puedes decidir cómo ser genial con ellas. La manera más sencilla es invitar a alguien.

¿Necesitas algunas ideas? Feliz de ayudar.

## Una cena regular

Invita a cenar a alguien, a un par de personas o a una familia.

Prepara la comida tú misma, diles que traigan uno de los platos o encárgala en una pizzería de confianza. Siempre que sea una comida en tu casa, cuenta como invitar a alguien a cenar.

Si deseas cocinar la comida tú misma pero no tienes muchas habilidades o recetas en tu arsenal, ¿podría sugerirte mi pollo, que sale tan bueno que te cambiará la vida? Es fácil, adaptable para cualquier número de personas, delicioso, hermoso y básicamente infalible. Es mi legado y estará en mi lápida, así que si no lo has probado aún, ésta es tu oportunidad.[5]

## Noches de intercambio

Mi hermana y su esposo intercambian noches con regularidad con otra pareja que tiene hijos pequeños de edad similar a la de ellos. Después de la hora de dormir, las dos mujeres pasan el rato en una casa y los hombres en la otra. Es genial porque los niños duermen en sus propias camas, no se necesitan niñeras, hay un padre disponible para cualquier niño que se despierte y hay conexión. Bingo.

---

5. Busca en Google «Change-Your-Life Chicken» y encontrarás la receta de inmediato.

### Desayuno familiar de fin de semana

El desayuno familiar es una de mis maneras favoritas de conectarme. Es especialmente bueno para familias con niños pequeños. Todo el mundo se levanta a las siete u ocho de todos modos (o antes de las seis si estás en mi casa), así que empieza temprano con un desayuno casero o una buena provisión de donuts de diferentes sabores.

Puedes conectarte durante la primera comida del día y todavía te queda el resto del día por delante. Además, las siestas y la hora de dormir no se ven muy afectadas por reuniros en el desayuno. Dale una oportunidad.

### Noches de postre

Tengo glaseado de chocolate en las venas, así que ésta es una sugerencia obvia para las personas que me conocen. Haz o compra un pastel o unos cuantos tarros de helado y conoce a alguien con la excusa de los dulces. Si tienes niños pequeños, esto suele ser más fácil que invitar a alguien a cenar, especialmente si invitas a personas que no tienen hijos o que tienen la edad suficiente para estar solos durante una hora o dos.

Si tienes pequeños, acuéstalos y luego termina el día con una conversación tomando el pastel. Si no tienes niños pequeños, ofrécete a llevar un postre a última hora de la noche a una familia que sí los tenga.

### Almuerzo después de la iglesia

Shannan Martin, que es mi persona favorita a la que escuchar cuando se trata de ser una buena amiga y vecina,[6] abre su casa a quien pueda ir todos los domingos después de la iglesia.

Dado que ella y su familia viven a unas pocas manzanas (la escuela y la iglesia están a poca distancia), su círculo es pequeño pero superimplicado. Hace sopa y pone los tazones. A veces, la

---

6. Lee su libro *The Ministry of Ordinary Places: Waking Up to God's Goodness Around You* para que se te estremezca el corazón, por favor.

gente trae cosas para añadir y, en ocasiones, si el número de personas aumenta, simplemente saca de la despensa algunas bolsas de patatas fritas.

No hay disculpas, ni búsqueda de la perfección, ni intención explícita o deliberada de conectar, pero siempre hay conexión.

Obviamente, puedes hacer lo mismo invitando a alguien a un restaurante informal después de la iglesia. Busca a alguien diferente a ti: el estudiante universitario, los padres sin hijos que siempre se sientan detrás de ti, o la familia con niños pequeños, aunque ahora tú misma podrías estar en un nido vacío.

De una manera u otra, invita a alguien a almorzar.

Limpia tu casa o no la limpies. Prepara la comida o no la prepares. Dúchate o no te duches.

Haz lo que importa y céntrate en la conexión. Las otras cosas son secundarias y no requieren disculpas de ninguna clase.

## Deja que las personas entren en tu vida diaria

La vida diaria no es una broma. Probablemente por eso elegiste este libro. Quieres que te ayude a salir de la rutina y de la monotonía de la vida, en parte porque es difícil, pero tal vez incluso más porque te sientes sola.

Todas tenemos una larga lista de responsabilidades que gestionar, y la mayoría las gestionamos solas. Me resulta increíblemente difícil pedir ayuda para las responsabilidades diarias o incluso compartir el peso emocional con amigos porque mis problemas no parecen lo suficientemente importantes. No quiero ser una molestia, no quiero sonar como si me estuviera quejando, y ¿no se supone que todas debemos saber cómo bajar la cabeza y simplemente hacer las cosas?

Soy muy buena comparando miserias y descartando las mías en un instante. Hay gente sin comida, sin padres, sin jabón, sin derechos civiles. ¿Quién soy yo para quejarme a una amiga de que mi hijo tiene un dolor de estómago fantasma y me hace perder mi cita con la masajista? Ésa es una historia real, por cierto. Pero también es cierto que mi dolor de espalda era intenso, y que el dolor afecta a mi estado de ánimo y que mi estado de ánimo, como señaló recientemente mi hijo que va a cuarto grado, puede provocar que yo me muestre «un poco gruñona a veces».

Crees que se supone que debes dejar entrar a las personas sólo cuando las cosas están realmente mal, pero ¿qué pasa cuando tus desafíos diarios parecen realmente insuperables? Soportarlos sola es intentar ser un genio sobre algo que no importa. La autosuficiencia no importa si no hay una comunidad que la acompañe.

Se nos permite necesitarnos los unos a los otros. De hecho, es hermoso hacerlo, especialmente en los momentos cotidianos más ordinarios.

## No tienes que estar en crisis para pedir ayuda

Ya dije que históricamente soy mala para dejar entrar a la gente, y durante años lo practiqué prometiéndome que sólo lo permitiría durante una crisis. Pero ¿quién puede determinar qué se considera una crisis? ¿Cómo decides cuándo estás lo suficientemente mal como para dejar que alguien se meta en tus problemas cotidianos?

Nadie te culparía por necesitar que alguien cuide de tus hijos para que tú puedas acompañar a tu padre a la quimioterapia, ¿verdad? Eso parece una crisis legítima. Pero ¿y si estás luchando contra la ansiedad? Quiero decir, es en su mayor parte manejable. Puedes pasar el día, pero la vida requiere más energía de la que tienes para dar. A pesar de que actúas bajo el peso de un problema muy real, te sientes invisible y difícil de justificar. Una tarde a solas, un oído atento o una hora para echarte una siesta serían verdaderos regalos, pero sufrir ansiedad no parece lo suficientemente importante como para justificar que debas pedir ayuda.

¿O qué pasa si estás cansada? Has tenido un largo período de días difíciles, tus hormonas no te están ayudando y sientes que preparar la cena te quitará cualquier chispa que te quede.

Eso, está claro, no es lo suficientemente importante.

La crisis no es un requisito previo para buscar comunidad y conexión.

No tienes que estar bien todo el tiempo. Se te permite luchar, sentirte abrumada por tus responsabilidades. Se te permite compartir la presión que sientes para elegir a qué escuela enviarás a tu hijo. ¿Te sientes culpable incluso por preocuparte por la decisión porque debes escoger entre una escuela privada que la mayoría de la gente no puede pagar o una escuela pública en la que muchos niños no tendrán plaza? La culpa es una de las muchas emociones que nos impiden dejar entrar a las personas.

Somos muy buenas para calificar nuestras luchas, y si los problemas son demasiado específicos, demasiado ordinarios, demasiado privilegiados o demasiado [rellena este espacio con tu opción], no los compartimos. Dejamos a la gente fuera y decimos que todo está bien.

Probablemente por eso seis de mis doce amigos no me conocían de verdad. Nunca los dejaba entrar en las cosas normales. No compartía con ellos cómo amamantaba a un bebé que se resistía y me mordía los pechos regularmente. No les decía que no sabía cómo explicarle a mi esposo que lo extrañaba, a pesar de que estaba sentado a mi lado en el sofá. No compartía lo insatisfecha que me sentía en mi trabajo, a pesar de que era un gran trabajo con grandes personas. Sentía que no tenía derecho a quejarme.

En mi opinión, no eran crisis reales, así que mantenía la boca cerrada. Pero si tú y yo esperamos a que ocurra una tragedia antes de dejar entrar a la gente, perderemos toda la conexión hermosa y ordinaria. Nos perderemos el café en medio de un día difícil o los mensajes de texto o los GIF divertidos porque una amiga sabe que estamos cansadas de todo y de nada y simplemente necesitamos reírnos un rato.

Perdemos la conexión ordinaria que conduce a relaciones más profundas.

Deja que la gente participe en tus luchas diarias y no te preocupes si son lo suficientemente trágicas.

Di que sí cuando una amiga te pregunte si necesitas algo del supermercado. Di que sí cuando tu hermana se ofrezca a cuidar a tus hijos y no empieces a pensar inmediatamente en cómo puedes devolverle el favor porque, en realidad, no es para tanto, no estás en deuda con ella.

Di que sí cuando tu pareja se ofrezca a limpiar la cocina esta noche para que puedas irte a la cama temprano en lugar de creer que eres tan fuerte como para hacerlo todo tú sola.

Todos somos personas hermosas y rotas que intentamos dejar entrar a los demás, y los momentos cotidianos están muy bien para comenzar.

## Comparte tu dedo en el ojo

Parte de ser humanos es vivir juntos. Sin pretensiones, sin crisis, simplemente compartiendo tus días normales y corrientes.

Emily[7] y yo llamamos a esos momentos el «dedo en el ojo». Compartimos cosas que no son muy importantes, pero que también lo son porque son reales y nos suceden, sin importar cuán simples o tontas sean. Son sólo un dedo en el ojo.[8]

La ironía es que los momentos en los que te meten el dedo en el ojo parecen más sagrados cuando los compartes con alguien que realmente ha estado contigo en una crisis. A Emily y a mí a veces nos meten el dedo en el ojo, pero luego también vivimos juntas una vida real. Tenemos discusiones y malentendidos; cada una teníamos importantes decisiones profesionales en las que

---

7. P. Freeman.

8. En retrospectiva, esta terminología es más violenta de lo que pensaba. En realidad, nadie nos mete el dedo en el ojo.

trabajar; lloramos mucho y compartimos cosas que nos parecían demasiado aterradoras como para sacarlas a la luz.

He llorado frente a personas sólo media docena de veces en mi vida, y Emily ha estado allí al menos la mitad de ellas. ¿Significa eso que ahora sólo hablamos de cosas serias? ¿Bromeas? Estoy bastante segura de que hemos pasado media hora completa hablando sólo de los atuendos de Meghan Markle. Pero esas conversaciones tontas, cotidianas y normales y corrientes tienen tanta importancia como las cosas difíciles, lo que hace que cada conversación sea significativa porque nuestra relación nos importa a las dos.

> **Las relaciones profundas no surgen de dejar que los demás entren sólo en lo profundo; las relaciones profundas provienen de la voluntad de dejar que los demás participen en todo.**

Las relaciones profundas no surgen de dejar que los demás entren sólo en lo profundo; las relaciones profundas provienen de la voluntad de dejar que los demás participen en todo.

Una interacción no cuenta menos porque nadie haya desnudado su alma, al menos en la forma en que normalmente la definirías. También puedes desnudar tu alma en los momentos cotidianos y ordinarios.

El alma tiene espacio tanto para los dedos en los ojos como para los momentos de crisis, y tú y tu gente también podéis hacerlo, lo que conduce a la conexión profunda que anhelas.

## Cuando las cosas no me iban bien

Escribir este libro ha sido una oportunidad única para mí para dejar entrar a la gente. Este trabajo está lejos de ser una crisis estereotipada, pero también es el proyecto más difícil que he emprendido. Mi personalidad no está construida de manera natural para soportar el largo recorrido que es la escritura de un libro. Tienes que escribir mucha basura para encontrar lo bueno, y si aún no te has dado cuenta de eso, soy un poco una perfeccionista en plena recuperación.

Enseguida me di cuenta de que, aunque tenía que escribir este libro sola, no podía abordarlo sola.

Una hora antes de que escribiera esta sección, una amiga asomó la cabeza a mi despacho y me preguntó: «¿Cómo va el libro?». Docenas de personas me han hecho esa pregunta durante los últimos ocho meses y ya no respondo: «¡Bien!».

«Bien» no es cierto. Claro, el bloqueo del escritor no es una emergencia, pero elijo dejar que la gente sienta que lo es. «Bien» mantiene a la gente fuera y me deja aislada, así que he aprendido a responder de manera diferente:

«Hoy me está costando».

«Un poco difícil, pero estoy encontrando la manera».

«Por fin he encontrado el hilo de este capítulo, ¡así que estoy emocionada!».

«He llegado al número de páginas que me había autoimpuesto antes de lo que pensaba, así que me daré un capricho y pasaré a por unas enchiladas de camino a casa».

Al principio me parecía extraño estar tan comunicativa, porque ¿a quién le importa realmente?

Resulta que a los míos sí, y cuanto más los dejo entrar, más práctica tenemos para cuidarnos unos a otros. Evitar ese «bien» ha hecho que muchas de mis relaciones sean más profundas de lo que esperaba.

Si te encuentras a mitad de un proyecto normal, de un trabajo o incluso de una etapa de la vida, no asumas que no es lo suficientemente importante como para dejar entrar a la gente. Puedes tener una responsabilidad o una carga emocional que es toda tuya, pero eso no significa que tengas que cargarla sola.

No siempre tienes que estar bien.

Deja entrar a la gente.

# CUANDO NO SE REALIZA LA CONEXIÓN

A veces no conectamos con alguien. No hay química o no tenemos mucho en común.

Eso es parte de la vida y no significa nada negativo acerca de las personas implicadas. No todas las personas con las que sales son compatibles contigo; lo mismo ocurre con la amistad.

Aun así, es fácil interiorizar la falta de conexión como un fallo personal. No fuiste suficiente para esa persona. No fuiste lo suficientemente genial o lo suficientemente interesante. Fuiste demasiado rara o estuviste demasiado callada o no paraste de parlotear. Sientes que eres tú lo que está mal, por lo que el primer impulso es cambiar quién eres.

Si los especiales extraescolar[9] nos han enseñado algo, es que cambiar quién eres para ser aceptada no te lleva a ninguna parte. Claro, es posible que no te rechacen rotundamente, pero tampoco te aceptarán de verdad. Si te enfocas en no ser rechazada, te perderás lo que realmente buscas: conexión.

A veces, ser aceptado tal como eres ocupa más tiempo del que deseas, y mientras esperas, duele, pero el momento llega. Con el tiempo, encontrarás a tu gente cuando estés dispuesta a dejarla entrar.

Es arriesgado ser la primera en abrirte, pero al final vale la pena.

---

9. La American Broadcasting Company acuñó el término «especial extraescolar» en 1972 con una serie de documentales para la televisión, que generalmente trataban temas controvertidos o socialmente relevantes, que se transmitían a última hora de la tarde y estaban pensados para niños en edad escolar, especialmente para adolescentes. *(N. del T.)*

# RECUERDA

- No pasa nada si no logras una amistad para toda la vida después de invitar a alguien, porque sigue valiendo la pena.
- Deja que la gente entre en tu vida diaria sin disculparte.
- No tienes que sufrir una crisis para pedir ayuda.
- No pienses demasiado en la conexión, simplemente invita a alguien.

## UN PEQUEÑO PASO

Envíale un mensaje de texto a alguien para que comparta contigo un dedo en el ojo o para invitarla a pasar el rato. ¿Quizá ahora?

Si te has quedado un poco temblorosa después de toda esa charla sobre relaciones, cambiemos de tema y comentemos el brillante y útil truco del procesamiento por lotes.

# AGRUPA

## Principio de la genial pereza # 9

¿Puedo afirmar que alguna vez fui panadera profesional porque tenía un negocio en el que vendía lo que horneaba? Diremos que sí. En The Sugar Box creaba postres inspirados en un tema particular de la cultura pop y los empaquetaba con delicadeza y buen gusto. Los lugareños los pedían *online* y los recogían de mi porche delantero un día al mes (es decir, el *Sugar Box Day*).

Me encantaba y se me daba bien.

Sin embargo, no era buena con los números y finalmente me di cuenta de que ganaba dos centavos la hora por cada caja que vendía. Digamos que la gente de Shark Tank no habría invertido en mí.

Pero aprendí mucho durante ese año y medio: me convertí en mejor panadera, vi cuánto cobraba vida cuando reunía a la gente alrededor de la comida y aprendí a agrupar, primero galletas, luego las cosas de la vida.

## La lección de hornear mil galletas en un solo día

Durante el Sugar Box Day todo tenía que estar listo a la vez. Y por todo, me refiero a varios miles de postres individuales envueltos en varios cientos de paquetes y cariñosamente metidos en sesenta o setenta cajas. Eran paquetes de papel marrón atados con una cuerda, y eran, de lejos, una de mis cosas favoritas.

Preparar esas cajas de una sola vez, mes tras mes, resultó ser una clase magistral de procesamiento por lotes. Mi primera lección llegó el primer «día de Sugar Box». Tenía cuarenta y cinco pedidos de la caja «Friends»,[1] así que comencé a llenarlas una por una. Del montón de un tipo de galletas, cogía una, la metía en una bolsa, cortaba una cuerda, ataba la bolsa y la metía en la caja. Hacía lo mismo con otra pila de galletas, seguida de una torre de *brownies* y cuatro o cinco golosinas más diferentes. Montaba cada caja, una por una, y tardaba una eternidad.

El sistema mejoró al mes siguiente. Apilé las galletas en montones con el número exacto, corté toda la cuerda a la vez, envolví paquete tras paquete y luego los até uno tras otro. Mucho más rápido.

Finalmente, también optimicé la cocción en sí. Mezclaba las masas de galletas el mismo día, ya que usaba ingredientes similares y requerían de una técnica similar. Luego formaba más de mil bolas de masa para galletas a la vez y las congelaba para hornearlas más tarde. Cuando llegaba el momento, horneaba todas las galletas, una bandeja tras otra, como en una panadería de verdad.

Aprendí que no podía trabajar con una sola receta o una caja de azúcar a la vez. En cambio, debía hacer las tareas similares todas a la vez, para que el proyecto avanzara de manera eficiente.

---

1. El contenido incluía galletas Paleontológicas (dinosaurios de galleta de azúcar), galletas Joey's Chick and Duck Jam Sandwich (de mermelada), galletas Phoebe's Grandmother's con chispas de chocolate, malvaviscos Central Perk (con sabor a café), pan de plátano con hamaca de plátano Princess Consuela y *brownies* de menta inspirados en el amor de Phoebe por los dulces. Era una caja pesada.

Luego me di cuenta de que lo mismo podía suceder en mi vida diaria. El procesamiento por lotes podría transformarme más que hornear galletas.

## Cómo funciona el procesamiento por lotes

El procesamiento por lotes es un tipo específico de tarea que se realiza una y otra vez antes de pasar a la siguiente. No dejes que la sencillez te engañe; este pequeño principio tiene poder.

Piensa en las cadenas de montaje de las fábricas. Una sola persona es responsable de una sola tarea, la siguiente persona está a cargo de la siguiente, y así sucesivamente. La fábrica tiene mucha producción porque una persona no construye cada refrigerador individual desde cero.

Es probable que construyas muchos de tus proyectos desde cero cuando, en cambio, podrías agrupar las tareas y hacerlas un poco más rápido. No sólo eso, sino que el procesamiento por lotes le da a tu cerebro un descanso, ya que esencialmente lo pones en piloto automático.

Ya hemos establecido que no eres un robot, y convertirte en uno definitivamente no es el objetivo de este libro. Pero la verdad es que algunas cosas están mejor automatizadas.

Las fábricas tienen mala reputación porque nada está hecho a mano, y ¿no es siempre mejor hacerlo a mano? Sin embargo, si aplicas esa mentalidad a tu hogar, esperando que todo se haga con una atención excepcional, estás siendo un genio en todo y una perezosa en nada y acabarás exhausta, por la tarde necesitarás chocolate y hasta terapia regular.

No todo tiene que ser meditado. Puedes automatizar parte de tu trabajo por el bien de tu tiempo y de tu energía, y dejar esos valiosos recursos para las actividades que deseas considerar.

## Qué agrupar

¿Cómo se encuentran los trabajos para procesar por lotes? Busca las tareas que repites y los trabajos que necesitas optimizar.

Un ejemplo de trabajo repetitivo es preparar almuerzos para niños. Tienes que hacer tres sándwiches, cortar tres manzanas, cortar tres montones de palitos de zanahoria…, ya sabes. Puedes hacer un sándwich, envolverlo, cortar una manzana, envolverla, cortar las zanahorias y envolverlas, o puedes agrupar las tareas repetidas.

> **¿Cómo se encuentran los trabajos para procesar por lotes? Busca las tareas que repites y los trabajos que necesitas optimizar.**

Unta la mantequilla de cacahuete en tres rebanadas de pan una tras otra. Luego viene la gelatina. Ponlos todos en bolsas. Corta las tres manzanas a la vez. Corta todas las zanahorias a la vez. Embolsa todas las frutas y verduras a la vez. Encuentra tareas que repites y hazlas al mismo tiempo.

En términos de trabajo que podrías tener que optimizar, el lavavajillas es un gran ejemplo. ¿Cuántas veces has cargado el lavavajillas y luego has encontrado una pila de platos y una olla que no caben debido a cómo se carga el lavavajillas? Todo podría encajar, pero ahora tienes que deshacer lo que ya has hecho.

No si lo haces primero. Lleva todos los platos al lavavajillas a la vez y cárgalo sólo cuando todos los platos estén frente a ti. Ahora puedes cargar una vez y ahorrar tiempo.

Entraré en más detalles con ese ejemplo y muchos más, así que vamos a sumergirnos en el procesamiento por lotes.

# Colada

Lavar la ropa es un sueño para los lotes. Junta un par de lotes clave y haz la colada de principio a fin en el mismo día. Suena como una fantasía, ¿verdad?

La lucha con la colada es que puede haber tantas tareas como prendas de vestir. Desde la primera camisa hasta el último calcetín, cada artículo técnicamente tiene que ser atendido de principio a fin: clasificar, lavar, secar, doblar o colgar y guardar. Si hicieras eso con cada elemento, es decir, de uno en uno, tu ira y frustración estarían a la par con una invasión alienígena del Universo Marvel. Es estúpido lavar la ropa de esa manera. Eso ya lo sabes, por eso lavas y secas en montones.

Pero podemos agrupar incluso más que eso.

## Clasificación y lavado

Con algunas excepciones, puedes lavar ropa clara y oscura juntas. Sé que nuestras hermosas madres nos soltaron muchas advertencias sobre la mezcla de colores, pero más allá del obvio «no laves tu camiseta blanca favorita con un nuevo par de vaqueros oscuros», puedes lavar diferentes colores juntos.[2]

Entonces, ¿cómo se clasifican, si no por colores?

Por dónde acaba la ropa.

Lava toda la ropa que va en perchas en tu armario en una sola carga. Lava la ropa de los niños en otra. Lava las toallas juntas, los uniformes escolares juntos, «todo lo que termine en el mismo lugar» junto. Ahora puedes colgar tus camisas más rápidamente sin tener que separar los calcetines de tu hijo adolescente y los pantalones de chándal de unicornios de tu niña en edad preescolar.

## Plegado

Ahora escucha. Si te gusta esta idea de la colada por lotes, no arruines tu impulso tirando toda la colada en el sofá. De lo con-

---

2. Con agua fría, para estar segura.

trario, tendrás un montón enorme de ropa que deberás clasificar nuevamente a medida que la dobles.

¡No arruines tus lotes!

Lavar la ropa en función de dónde termine es muy efectivo y, si te gusta, puedes continuar agrupándola a medida que la doblas. En cargas en las que hay varios tipos de artículos,[3] puedes clasificarlos rápidamente en pilas.

Comienza primero por los artículos más grandes, porque son más fáciles de detectar: vaqueros, toallas o lo que parezca obvio. Te quedará un montón de calcetines o toallitas o lo que sea más pequeño. Ahora puedes doblarlo todo por lotes.

Dobla todas las toallas a la vez y sigue ese ritmo; no tienes que buscar las toallas porque están amontonadas justo enfrente de ti.

Empareja los calcetines fácilmente porque están todos en una sola pila. Dobla camiseta tras camiseta y dedícate a esas acciones repetidas.

Tu cerebro entrará felizmente en automático, ya que se ocupa de un tipo de elemento de la misma manera una y otra vez.

### Guardar la ropa

No voy a decirte que guardes los montones de ropa según a qué habitación vayan (aunque yo misma lo he hecho en más de una ocasión), pero te alentaré a que guardes una carga de ropa inmediatamente después de doblarla.

Has hecho el trabajo de clasificar y lavar en función de dónde termina, por lo que es probable que todo lo que hayas doblado se vaya a una misma habitación. Guarda la ropa allí antes de que la sala de estar se llene de montones de ropa plegada y tu cerebro tenga que comenzar a procesar más información de la necesaria.

Deja que tu cerebro trabaje duro en lo que importa, no en rutinas que puedes agrupar fácilmente.

---

3. A menudo lavo todas las cosas supersucias con agua caliente: ropa interior, calcetines, trapos de limpieza, etc. Como no lavo mucho con agua caliente, todos esos artículos se agrupan para salvar al planeta. De nada.

## Día de colada

El único trabajo que hago el día de la colada es, lo adivinaste, lavar la ropa. Al participar sólo en ese trabajo, ya estoy haciendo lotes. Hago un tipo de tarea una y otra vez, automáticamente.

Establecer el día de la colada evita que tengas que recordar cuándo debes hacerla porque te distrajiste, por ejemplo, limpiando el baño. Al concentrar toda la energía en una tarea repetitiva, se hace más rápido y no tienes que poner más lavadoras porque te olvidaste ropa en un rincón y ahora la casa huele a gato viejo y mojado.

### SI TE GUSTA HACER LA COLADA

Si lavar la ropa no te molesta, es probable que pienses que todo esto es casi una locura. Tal vez lo sea, y tal vez no procesar por lotes te siente bien. Siempre has lavado lo que podías cuando podías y doblado el montón enorme de ropa al final del día sin quejarte. Si eso te da vida, hazlo.

Pero no asumas que es la única manera de hacerlo. Si no odias lavar la ropa, prueba de todos modos a clasificar una parte y ver si el proceso te gusta. Si es así, es posible que aún te guste más todo lo relacionado con la ropa.

## Trapos sucios

Me cansé de llevar los trapos de cocina sucios, los manteles y las servilletas al cuarto de la lavadora. Me doy cuenta de que es un problema primermundista, pero es igualmente molesto.

Ahora tengo una Zona De Ropa Sucia también en la cocina, un cubo de acero galvanizado que compré en una tienda de artículos para el hogar por diez dólares. Está en un rincón de la cocina, y ahí es donde ponemos toda la ropa sucia que se genera en esa parte de la casa. En lugar de llevar cada artículo sucio a la canasta, lo meto en el cubo, y me ahorro ir de una habitación a otra diez veces al día. Cuando el cubo está lleno, lo vacío en el cesto de la ropa sucia del cuarto de la lavadora. La tarea es por lotes. Aleluya.

## Limpieza de la cocina

Has preparado la cena y posiblemente aún tengas platos sucios del desayuno o del almuerzo, y la limpieza se hace necesaria pero terriblemente abrumadora. Tienes que lidiar con la mesa de la cocina, la encimera y el fregadero, todo lleno de diferentes tipos de artículos que necesitan diferentes tipos de atención antes de que terminen en lugares completamente diferentes.

La razón por la que una cocina sucia es tan estresante es porque tu cerebro no puede determinar qué tarea hacer primero. Todas parecen igualmente urgentes. Pues bien, el procesamiento por lotes brilla en una cocina sucia.

### Limpieza de superficies

Por lo general, coges algo de la mesa del comedor o de la cocina, lo llevas hasta el lavavajillas, lo metes, coges un plato al azar que está cerca, lo metes también y luego guardas la salsa de tomate que alguien ha dejado en la encimera, y después barres las migas de debajo de la mesa. Te lanzas como la bola de un *pinball*, agarrando lo que está más cerca.

En su lugar, limpia una superficie cada vez hasta que acabes con todas.

Luego pasa a la siguiente área.

Limpiar en lotes es una victoria mental porque hay menos desorden para que tu cerebro procese y te sientes bien a medida que cada superficie se vacía.

Yo siempre empiezo por la mesa de la cocina. Es la superficie más alejada del fregadero y, por lo general, la menos repleta de trastos. Es una victoria rápida.

## DECIDE UNA VEZ CÓMO LIMPIARÁS POR LOTES

¿Quieres una propina adicional? Decide una vez (¿recuerdas este principio?) en qué orden limpiarás las superficies. El mío es la mesa de la cocina primero y la isla de la cocina en segundo lugar. Luego trabajo alrededor de la encimera principal desde el lado de los fogones hasta el lado del fregadero. Ése es mi orden cada vez que estoy en la cocina, y mi cerebro me adora por eso.

### Poner cosas a un lado

Cuando estés limpiando la cocina, crea lugares físicos para los lotes; yo los llamo «zonas». Las zonas te ayudan a utilizar el piloto automático porque sabes exactamente dónde dejar un artículo. No lejos, ahí mismo.

¿Recuerdas el consejo de las tareas de procesamiento por lotes que debes deshacer? ¿Cuántas veces has jugado al Tetris porque guardaste los elementos a medida que los trajiste en lugar de guardarlos todos a la vez? Inevitablemente, hay una caja de huevos o un gran recipiente de plástico con las sobras o algún otro artículo de forma extraña que debe guardarse en el refrigerador, y no puedes averiguar cómo hacer que todo encaje.

Utiliza el procesamiento por lotes para guardar todo a la vez y usa zonas para guardar esos elementos.

## ZONAS DE LA COCINA

Elige áreas junto a todos los destinos finales de la cocina y mantén los elementos juntos hasta que estés lista para guardarlos todos a la vez.

Ejemplos: zona del frigorífico, zona de la despensa, zona de los platos sucios y zona de la colada sucia.

Y diría también zona del congelador, pero puede que eso no termine bien. Mejor que guardes los congelados enseguida.

Y, por supuesto, la zona de la basura es el cubo de la basura. Por lo general, no es necesario jugar al Tetris para que quepa toda la basura; simplemente métolo todo hasta que se llene.

### Carga del lavavajillas

No cargues el lavavajillas hasta que todos los platos sucios estén en la zona de platos sucios.

Haz de esto un *mantra*, por favor. Seguro que hasta hay paños de cocina que llevan bordados mensajes de ese tipo.

Si clasificas los platos antes de comenzar a cargar el lavavajillas, sabrás con qué estás trabajando. Si no, te verás obligada a jugar al Tetris Lavaplatos y deshacer un montón de trabajo.

Cada lote en su lugar.

Mientras limpias las superficies, coloca todos los platos en la zona de platos sucios. Una vez que tengas todos los platos frente a ti, puedes cargar el lavavajillas en un orden en el que todo pueda caber al primer intento.

Comienza con lo que puede ir sólo en la rejilla inferior (platos, ollas, bandejas), seguido de lo que puede ir sólo en la rejilla superior (vasos, boles, cuencos, pequeños platos de plástico que pueden derretirse). Luego, completa los espacios con lo que quede.[4]

## Papeles

¿Pensaste alguna vez que te estabas ahogando en ropa y platos? Los papeles son una fuerza de la naturaleza.

Todos tenemos correo y recibos a carretadas, y si tienes hijos, también tienes obras de arte, proyectos escolares, comunicados de la escuela, cartillas de calificaciones, volantes sobre campamentos deportivos y lecciones de piano y fiestas de cumpleaños…, detenme cuando lo creas conveniente.

Cada pedazo de papel, como cada prenda de vestir, tiene que pasar por un proceso de clasificación, decisión y almacenamiento. Cada pieza.

Si cuidas cada pieza individualmente porque te llama la atención, te volverás loca. Aun así, no puede ponerlo todo en una pila gigante y dedicarte a ello sólo cuando el montón no te deje ver lo que hay al otro lado o cuando te corten la electricidad porque no has visto la factura.

El procesamiento por lotes es la manera de manejar los mismos tipos de papeles a la vez, no todo el papel a la vez o cada pieza por sí sola.

Del mismo modo en que ayudan en la cocina, las zonas te ayudarán a agrupar tus papeles en categorías apropiadas para que puedas ocuparte de cada una de ellas de una sola vez. Compartiré contigo algunos ejemplos de zonas que uso, pero lo importante es reconocer qué categorías de papeles

---

4. Compartí algunas de estas ideas en mi programa *The Lazy Genius Podcast*, y me encantó recibir correos electrónicos de personas que primero pensaron que estaba realmente loca por pensar tanto en limpiar la cocina y luego me prometieron los ahorros de toda su vida si les daba más orientación sobre cómo hacerlo más fácilmente. Sí, estoy loca, pero también tengo razón.

tienes y mantenerlas en una zona hasta que puedas ocuparte de ellas.

### La zona sensible al tiempo

Los documentos con fechas de entrega obvias, como facturas, invitaciones a eventos y hojas de permiso de la escuela, necesitan un lugar designado lejos de todo lo demás.

Ambas sabemos lo que sucede si se hace de otra manera. Dejas todo el correo en la encimera con la factura del gas encima para no olvidarte. Luego, un niño llega a casa y apila un montón de papeles escolares allí encima, el esposo agrega una revista de coches, de alguna manera acaba allí la correa del perro, y ahora tienes un desorden aleatorio que te estresa.

Ordenar esa pila requiere más energía de la necesaria porque cada elemento requiere una acción diferente. No se puede agrupar todo un montón gigante.

En su lugar, ten una zona para los elementos sensibles al tiempo y revisa esa pila cada semana o dos. Paga las facturas, firma los formularios, envía un mensaje de texto con las confirmaciones de asistencia de una sola vez.

Me encanta sentarme con mis papeles de la zona sensible al tiempo porque sé en lo que me estoy metiendo. Y como ya los clasifiqué en la zona correcta cuando entraron en casa, lidiar con esos papeles sólo me ocupa unos minutos.

Consejo adicional 1: registra la tarea en tu agenda o establece una alarma telefónica para recordarte que revises la pila cada semana.

Consejo adicional 2: coloca los papeles que necesiten atención inmediata en el refrigerador, encima de tu bolso o en cualquier otra área que pueda actuar como una zona de «No te olvides de esto».

### La zona de reciclaje

No pierdas el tiempo con tareas que no tengan implicaciones inmediatas o futuras. (Os estoy viendo, catálogos, publicidad). Algunos papeles deben ir directamente a la zona de reciclaje.

Me gusta pensar que soy el tipo de persona que disfruta hojeando catálogos y comprando por correo, pero casi siempre son compras que al final devolveré o que si me las quedo tendré que encontrarles un lugar de la casa donde dejarlas. No, gracias.

Catálogos, prospectos de cupones para restaurantes a los que nunca elegimos ir y todos los demás tipos de correo basura deben eliminarse del espacio de inmediato. Si dejas esos papeles entremezclados con otros importantes, la clasificación es más molesta y requiere más tiempo.

En cambio, cuando entres en casa con una pila de correo, sigue adelante y tira todo lo que sepas que no necesitas. Eso es ordenar más que agrupar por lotes, pero es un paso vital en la creación de un margen para lo que vas a procesar por lotes.

## La zona de arte

Tengo tres hijos que dibujan y pintan como si sus vidas dependieran de ello. (Estoy bastante segura de que para mi hijo mediano es así). Sus proyectos en casa unen fuerzas con los documentos de la escuela y de la iglesia, y en poco tiempo, nos estamos ahogando en las páginas para colorear y en los dibujos de Mario.

Como tenemos tantos proyectos en varias etapas de finalización, es una tontería ocuparse de ellos todos los días por dos razones: se tarda demasiado tiempo y, además, algo que es valioso hoy puede que no lo sea mañana.

Ponlo en la zona de arte.

Tenemos una canasta gigante —unos quintillizos recién nacidos podrían caber en esa cosa— donde van a parar todos los dibujos de mis hijos. Cada página para colorear de la escuela dominical, cada pedazo de papel de desecho, cada obra maestra terminada va a esta canasta.

Cuando la canasta está llena, y ni un segundo antes, la reviso. El proceso me ocupa unos veinte minutos. Clasifico los papeles en categorías: «guardar», «basura» y «se pueden usar de nuevo». Si el montón para guardar contiene veinte dibujos de la Mona Lisa, puedo ver fácilmente cuáles quiero conservar. Si tuviera que decidir qué guardar todos los días, podría quedarme con las veinte versiones sin darme cuenta de que mi hijo está dibujando lo mismo una y otra vez.[5]

Luego, los papeles que se guardan van a un contenedor de plástico lleno de obras de arte queridas, y cuando ese contenedor está lleno (que todavía no lo está después de nueve años), averiguaré qué hacer con él. Los papeles que podemos usar nuevamente vuelven al armario de arte, y todo lo demás va a la papelera de reciclaje.

Me doy cuenta de la ironía de sugerir un vertedero gigante para obras de arte cuando te dije que hicieras exactamente lo contrario con tu correo. Pero clasificar el arte de los niños es una tarea diferente a pagar las facturas. No es necesario ver todo el correo para saber qué hacer con un extracto bancario. Necesitas ver todas las piezas de arte para saber qué vale la pena conservar y qué fue simplemente divertido durante el proceso.

Algunos papeles se manejan mejor con frecuencia, como las facturas, y algunos se manejan lo menos posible, como los proyectos de arte. Independientemente de la frecuencia con la que atiendas estos papeles, ten una zona para guardarlos hasta que llegue el momento de ocuparte de ellos.

## La zona del futuro

Arrancas páginas de revistas. Tienes una receta escrita a mano para cocinar el mejor estofado porque le rogaste a tu compañera de trabajo que te la diera después de que llevara ese plato a una reunión de personal. Tenemos muchos periódicos que sería divertido releer en el futuro, pero que no siempre tienen un lugar natural. ¿Solución? Crea una zona del futuro.

Pon todos esos recortes y garabatos aleatorios en un solo lugar y luego ocúpate de ellos una vez cada cierto tiempo. Pon las recetas en una base de datos, toma fotos de las inspiradoras ha-

---

5. Ese número no es una hipérbole. Mi hijo mediano ha dibujado probablemente más de cien versiones de la Mona Lisa en su séptimo año de vida.

bitaciones y colócalas en un tablero de Pinterest, o agrégalo todo a una aplicación de notas del móvil. No importa tanto lo que hagas con los papeles; lo que importa es que lo hagas todo a la vez, en un lote.

## Comida

Elegir, preparar y cocinar los alimentos es donde realmente brilla el procesamiento por lotes. Dado que comes varias veces al día, simplificar el proceso haciendo ciertas tareas a la vez te hará la vida mucho más fácil. Repasemos algunas maneras posibles.

### Planificación de comidas

La planificación de las comidas en sí misma es una forma de preparación por lotes. Haces una tarea, decides qué hay para cenar, todo a la vez, ya sea para unos días, una semana, un mes o cualquier intervalo de tiempo que te haga feliz o que se adapte a tus necesidades. Al tomar esa decisión, dejas espacio para otras opciones que vendrán más adelante.

Yo también facilito la planificación de las comidas combinándola con el principio de decidir una sola vez. En lugar de elegir mis comidas de un sinfín de fuentes, a menudo me limito a un libro de cocina y a una lista de lo que yo llamo «recetas sin cerebro». Son comidas fáciles de preparar para mí o para mi esposo y, en general, agradan a toda la familia. Decido una vez qué menús haré el próximo mes de ese libro de cocina y de esa lista. De esta manera, agrupo la toma de decisiones sobre la planificación de las comidas.

### Preparación de las comidas

Si estableces un plan de comidas y observas que dos recetas utilizan el mismo ingrediente, por ejemplo, cebollas picadas, pica las cebollas para ambas recetas a la vez. Ya estás haciendo la tarea; no te cargues de trabajo haciéndolo más a menudo de lo necesario.

Sin embargo, no es necesario crear un plan de comidas para preparar por lotes. Si regresas a casa con varios pollos porque estaban de oferta, no los metas en el congelador y que se mueran de aburrimiento allí dentro. Prepara el pollo por lotes.

Sazona todos los pollos, porque no importa cómo los uses, tendrás que sacarlos del paquete y sazonarlos. Luego puedes envolverlos en bolsas individuales para congelar para facilitar la cena más tarde (hola, Pregunta Mágica), o puedes ir aún más lejos y cortar los pollos en trozos, dividiéndolos en bolsas y llenando esas bolsas con distintos adobos o preparaciones, especias, etc.

Es una tarea de preparación que necesitarás hacer más de una vez, pero puedes hacerlo todo ahora, por lotes.

## Guardar comestibles

Después de una gran compra de comestibles, la tendencia es abrir las bolsas y guardar lo que saques primero. Sin embargo, clasificar elementos constantemente para dejar espacio para otros nuevos puede resultar frustrante.

En su lugar, descarga los alimentos en zonas y luego guárdalos todos a la vez: zona de nevera, zona de congelador (probablemente es una buena idea hacer esto primero), zona de despensa, etc.

Me encanta guardar los comestibles en lotes en familia. Es fácil tropezarse entre sí cuando varias personas intentan poner una lata en el mismo lugar. Con el sistema de las zonas, un miembro de la familia aborda una zona y no se interpone en el camino de nadie más.

Si deseas llevar tu técnica de lotes de comestibles al siguiente nivel, comienza guardando los comestibles en lotes en el mismo momento de comprarlos. Las cosas del refrigerador en esta bolsa, las cosas del congelador en esta otra… y luego regresa a casa y guárdalo todo en lotes sin siquiera tener que pensar en ello.

## INVITACIONES PARA CUMPLEAÑOS

Si todavía no pensabas que estaba loca, abróchate el cinturón.

Para rellenar las tarjetas de invitación de cumpleaños para los compañeros de clase de tus hijos, no vayas de principio a fin con cada una; haz las tareas individuales una cada vez.

Primero, escribe los nombres de todos los compañeros de clase en el área «Para» obteniéndolos directamente de la lista de clase y así no olvidarte de ningún nombre.[6] Luego, escribe el nombre de tu hija porque ése es fácil de recordar (excepto para ella cuando la llamas para que haga algo; entonces da la impresión de que no se llama así). Termina metiendo todas las tarjetas en los sobres.

Yo he realizado el proceso en ambos sentidos y prometo que el procesamiento por lotes es más rápido y requiere menos energía cerebral. El piloto automático es algo hermoso para proyectos que realmente no importan tanto.

## No lo hagas si no te ayuda

Procesa por lotes sólo si te hace la vida más fácil.

Si te gusta revisar los proyectos de tus hijos todos los días o quieres guardar tus compras como quieras, oh, Dios mío, hazlo. El objetivo del procesamiento por lotes, y de cualquiera de estos principios, es facilitarte la vida con lo que no importa y darte más energía y tiempo con lo que sí.

Si el procesamiento por lotes te estresa, no lo utilices. Vale la pena sólo si te ayuda.

---

6. Olvidarse de un niño... ¡Ja! Eso nunca me ha pasado. No. Ni una sola vez. (Bueno, sí. Sí que me ha pasado, ¡ay!).

# RECUERDA

- El procesamiento por lotes consiste en realizar el mismo tipo de tarea a la vez.
- Ponerte en piloto automático durante el procesamiento por lotes no te convierte en un robot, sino que te deja tiempo para lo que te importa.
- Busca tareas que repitas con frecuencia o tengas que deshacer, y comprueba si el procesamiento por lotes puede ayudarte.

## UN PEQUEÑO PASO

Limpia la cocina esta noche utilizando las zonas y comprueba si aceleras el proceso.

El procesamiento por lotes es un gran truco para tu hogar, pero los trucos de vida sólo ayudan cuando sabes qué partes de tu vida son esenciales. De lo contrario, estás invirtiendo tiempo y energía en cosas que no te importan.

A continuación, *esencialicemos*.

# ESENCIALIZA

## Principio de la genial pereza # 10

Mientras escribo estas líneas, estamos a mitad de la Cuaresma y he renunciado a mi Instagram no laboral durante esta corta temporada. Cuando la idea inicialmente me vino a la mente, la descarté enseguida. Me parece que la idea general es que Instagram es todo bueno o todo malo. O eres un vago y dejas que controle tu vida por completo y se apropie de tu cerebro, o eres un genio porque lo borras de tu teléfono y no te involucras en ello. Personalmente, no tengo esa visión binaria, pero me preguntaba si mi decisión de renunciar a Instagram durante la Cuaresma me colocaría en el bando de «Instagram es malo».

Leo el libro *Essentialism* de Greg McKeown todos los años, por lo que su concepto de elegir e ignorar con intención se ha convertido en parte de mi médula. Mientras pensaba en Instagram, sabía que todo o nada sería innecesario, pero que el esencialismo sería integral. Utilizo mucho la aplicación por mi trabajo, pero me daba pereza comprobar con qué frecuencia, y lo que es más importante, con qué fines, la utilizaba.

Había olvidado lo que importaba.

Durante estas últimas semanas de Cuaresma, lo he recordado.

Extraño ver lo que mis verdaderos amigos aportan al mundo. Extraño reírme de los comentarios de las celebridades. Extraño a James McAvoy en directo desde la cima de una montaña escocesa. Participar en la vida de mis amigos, reír y mirar a James es algo que me importa.[1]

¿Qué no me importa? Los anuncios que me empujan a comprar cosas que creo que necesito pero que en realidad no necesito, las cuentas que sigo porque son bonitas pero que a menudo me llevan a comparar en lugar de alegrarme o entretenerme cuando estoy aburrida. No las extraño ni un poco.

¿Adivinas qué pasará una vez que termine la Cuaresma?

**Si no es esencial, es sólo ruido.**

Voy a *esencializar* Instagram. Ahora que he identificado lo que importa, puedo dejar de seguir o silenciar las cuentas que no son compatibles con esas cosas. No más noticias que me lleven por caminos de comparación, juicio o pérdida de tiempo.

Si no es esencial, es sólo ruido.

## Por qué *esencializar* es importante

Si quieres aceptar lo que importa y deshacerte de lo que no, necesitas saber qué es lo que importa.

Esto es cierto no sólo para la declaración del propósito de la vida en un marco en la pared sobre tu sofá, sino también para lo que hay en tus cajones, tu bolso y tu agenda.

---

1. Mi esposo es consciente de lo mucho que amo a James McAvoy. Estamos bien.

> Cuando llenas tu vida con cosas que no son
> esenciales para lo que importa, agregas ruido
> sin querer, y el manejo del ruido es parte
> de la razón por la que estás cansada.

Nombrar lo que importa te muestra lo que necesitas para respaldarlo.

Nombrar lo que importa te muestra lo que es esencial.

Cuando llenas tu vida con cosas que no son esenciales para lo que importa, agregas ruido sin querer, y el manejo del ruido es parte de la razón por la que estás cansada.

¿Participaste alguna vez en el juego MASH cuando eras niña? Era un juego que predecía dónde vivirías (MASH, en sus siglas en inglés, significa mansión, apartamento, choza y casa), con quién te casarías (porque ¿qué es la vida para una niña de doce años sin un futuro esposo?), qué trabajo tendrías y cuántos niños inevitablemente terminarían para siempre con tus días de carrera.[2]

Creemos que la vida se compone de grandes decisiones, que el lugar donde vives es más importante que cómo vives allí día a día. En cambio, recuerda la importancia de comenzar con algo pequeño. Las pequeñas decisiones que tomamos una y otra vez todos los días contribuyen más a una vida significativa que las grandes decisiones.

> Creemos que la vida se compone de grandes
> decisiones, que el lugar donde vives es más
> importante que cómo vives allí día a día.

---

2. Ahora me doy cuenta de cuán agresivamente se basa ese juego en los estereotipos de género.

Cuanto más elijas lo esencial y apoyes intencionadamente lo que importa, menos ruido tendrás que manejar y más energía tendrás para una vida plena.

## Suma por resta

Si eres como yo, probablemente busques la plenitud agregando cosas a tu vida.

Te sientes insatisfecha al elegir qué ponerte, por lo que compras más ropa. Te sientes sobrecargada en tu trabajo, por lo que agregas más calmantes para el estrés para compensar. Te sientes poco cualificada para cocinar una comida deliciosa, por lo que compras robots de cocina y un nuevo juego de ollas y sartenes para compensar tus deficiencias percibidas.

Agregar cosas te hace sentir satisfecha, pero es una satisfacción vacía y fugaz.

Y ahora tienes que gestionar más ruido.

La verdadera satisfacción proviene de la resta, de eliminar todo lo que te distrae de lo que importa y dejar sólo lo esencial.

Ésa es la raíz del esencialismo, y le agradezco a Greg McKeown que fuera lo suficientemente inteligente como para reconvertir el concepto en un verbo para que tú y yo podamos tener una vida mejor, aceptando lo que importa y deshaciéndonos de lo que no. McKeown escribió: «Un esencialista hace concesiones deliberadamente».[3]

También lo hace quien adopta la genial pereza. Sé que es desalentador eliminar elementos y citas e incluso relaciones que te impiden vivir una vida que te importa. Agregar es divertido. Comprar cosas es divertido. Ayer fui a Hobby Lobby para comprar papel de acuarela para mis hijos y tuve que obligarme a irme sólo con lo que había ido a buscar.

---

3. Greg McKeown, *Essentialism*, Crown Business, Nueva York, 2014, 55.

¿Soy una mala persona por querer comprar otra figurita de cerámica blanca para poner en mi escritorio? Por supuesto que no. Pero al *esencializar*, estoy haciendo concesiones. Prefiero tener superficies que estén menos abarrotadas y, por lo tanto, que sean más fáciles de limpiar. Prefiero agregar esos doce dólares a nuestro fondo familiar para viajes por carretera que gastarlos en una compra impulsiva.

> La verdadera satisfacción proviene de la resta, de eliminar todo lo que te distrae de lo que importa y dejar sólo lo esencial.

La compra en sí no es el problema. Todavía compro cosas y me encanta. Pero saber y nombrar lo que importa me ayuda a elegir sólo lo esencial.

Restar ruido agrega significado a lo que ya tienes. Cíñete a lo esencial.

## El poder de elegir

No conozco los detalles de cómo y por qué vives de la manera en que lo haces, pero también es justo suponer que quizá hayas olvidado que tienes la capacidad de decidir cómo vives. Tienes más control sobre tus elecciones de lo que crees, siempre que recuerdes elegir.

En el Principio # 2 de la genial pereza, hablamos sobre el poder de comenzar con poco, y de cómo las pequeñas decisiones tienen un gran impacto. Es fácil de hacer, comprar y programar como siempre lo has hecho, pero si lo que eliges no es esencial, estás eligiendo ruido.

Puedes elegir de otra manera.

Cuando digo que tienes una opción, me refiero a si compras o haces madalenas para una fiesta de Navidad de la empresa, a si decides redecorar tu dormitorio o eliges no hacerlo para ahorrar dinero y ver el noroeste del Pacífico por primera vez.

Cuando hablo de apoyar lo que importa, es importante reconocer que lo que importa es personal y resulta muy influenciado por nuestro lugar en la sociedad y en el mundo. Y aunque me importa profundamente que todos vivamos en un lugar de sinceridad, reconozco que mi perspectiva sobre esto está fuertemente influida por el hecho de que soy una mujer blanca de clase media en Estados Unidos. Tengo un aparcamiento techado con una pérgola en mi jardín y un fondo de ahorro para las vacaciones y nunca he tenido que renunciar a la cena para que mis propios hijos pudieran comer. Tengo el lujo de crear una vida significativa, de pensar en cuántas chaquetas quiero tener. Vivo con un gran privilegio, y tú también podrías.

También es posible que no.

Nuestras habilidades individuales para elegir se ven afectadas por problemas como la marginación, el abuso, el trauma y los prejuicios. Crecí en un hogar abusivo y la elección no siempre fue parte de la ecuación. No es una decepción, pero es importante reconocerlo.

Sí, todos vivimos con opciones, pero algunas personas tienen un camino más fácil para implementar esas opciones que otras. Simplemente quiero que sepas que veo esa realidad y te veo a ti.

Sin embargo, no importa la forma y la velocidad de nuestras vidas, todos anhelamos un significado. Queremos que nuestro tiempo en esta tierra, en nuestros hogares y con nuestra gente sea importante.

Así que, *esencialicemos*.

## Cómo saber si algo es esencial

Hace unos años quería aprender a tejer. Fui a la tienda de manualidades y compré una docena de ovillos de hermoso hilo y media docena de agujas de diferentes tamaños, y encontré un puñado de blogs con patrones para probar. ¿Aprendí a tejer? Hum…, no. Porque no *esencialicé*.

Sabía que aprender a tejer importaba. Pero ¿por qué? En retrospectiva, sé que era para agregar simplicidad a mi vida, tener algo que pudiera hacer en silencio y sin pensar al final del día. Pero en ese momento, no lo identifiqué.

Tienes que saber por qué importa algo para saber qué es lo esencial.

Lo que necesitaba era un proyecto simple para aprender a tejer. ¿Qué era esencial para apoyar eso? Un ovillo de lana, un juego de agujas y un tutorial de YouTube bien calificado.

Lo que obtuve en cambio fue caos, no calma. Tenía demasiadas opciones y, por lo tanto, demasiadas distracciones de lo esencial. No empecé con poco. Y nunca aprendí a tejer.

Hice que el proceso fuera demasiado ruidoso para recordar lo que importaba.

Aquí hay otro ejemplo: tenía un estante lleno de diferentes tipos de té. ¿Me importa el té? En realidad, sí. Me encanta la liturgia de preparar una taza de té caliente en una tarde fría. Me ralentiza y eso importa.

Lo que no importa es tener quince sabores de té diferentes para elegir. Siempre elijo Earl Grey de todos modos, entonces, ¿por qué sigo comprando otros tés? No son esenciales y todo lo que hacen es generar ruido.

Hacer té es importante, y es más probable que haga té si no tengo que rebuscar en una caja de zapatos con bolsitas de té para encontrar mi adorado Earl Grey.

Una elección es esencial sólo si añade valor directamente a lo que te importa.

## *Esencializar* en tres pasos

McKeown establece tres pasos para nombrar lo que es esencial, y yo haré lo mismo, adaptados para vivir una vida de genial pereza. Cuando elijas los elementos esenciales para una habitación, un hábito o una relación, considera lo siguiente:

1. Identifica lo que realmente importa.
2. Elimina lo que entorpece el camino.
3. Conserva sólo lo esencial.

Nuestro baño de las visitas es un poco monstruoso, y si olvido lo que importa en ese espacio, agregaré ruido, estrés y muchas cosas que no son esenciales.

Permítame hacerte un recorrido. Hay una ventana extraña que no es realmente una ventana a pesar de que tiene contraventanas reales y la pintura se está despegando agresivamente.

La pared de al lado del inodoro está cubierta de hendiduras de lápiz porque uno de mis hijos hizo sus deberes de matemáticas mientras se ocupaba de sus asuntos y no tenía papel a mano, así que usó la pared.

La pared real.

También hay una mesita de noche desechada que realmente no va con la decoración, pero la pusimos allí porque necesitábamos un lugar para guardar toallas y papel higiénico y no queríamos comprar algo nuevo.

Claramente, el baño no está en su estado ideal, pero ¿sabes qué?

No importa.

El primer paso es identificar lo que importa. Lo que importa de nuestro baño de las visitas es que ofrece una experiencia limpia, funcional y razonablemente agradable para quien lo utiliza.

El segundo paso es eliminar lo que entorpece el camino: la toalla de mano cubierta de pasta de dientes, la pila de libros de

Calvin y Hobbes en el suelo[4] y mis expectativas de que el baño se vea como lo diseñó Joanna Gaines.

El tercer paso es mantener sólo lo esencial: jabón que huela bien, papel higiénico abundante, un spray ambientador a la vista en caso de que alguien tenga algo que hacer y un recipiente de toallitas Clorox en el cajón de la mesita de noche para facilitar la limpieza. Claro, el baño puede parecerse a una foto del «antes» de un programa de remodelación del hogar, pero lo esencial está cubierto, y eso es lo que importa.

Todos los días, ahorro mucha energía física y mental al elegir estar bien con el baño tal como está, al elegir lo que me importa e ignorar el resto. Tal vez llegue el momento en que sea más importante, pero ahora mismo no es así.

¿Significa eso que si quieres el baño de una foto de «después» en tu casa, uno de nosotros tiene razón y el otro no? Definitivamente no. Es fácil dejarse atrapar por lo que le importa a otra persona, pero no tiene nada que ver con lo que te importa a ti. Recuerda, elegir lo que te importa no te hace mejor o peor que alguien que elige de manera diferente.

Ahora veamos algunos otros ejemplos de cómo funciona la *esencialización* en la vida real.

### *Esencialización* del estudio del caso 1: vestirse

Como no te conozco ni he visto tu armario, utilizaré el mío como ejemplo.

Primero, necesito nombrar lo que importa sobre vestirse. Eso es fácil: quiero elegir fácilmente la ropa que me haga sentir yo misma. Importa que la decisión sea fácil y que el primer atuendo que me pruebe sea el que acabe utilizando.

En segundo lugar, necesito eliminar lo que se interponga en el camino. Para mí, esto incluye el exceso de opciones, la ropa que no me queda bien y la ropa que no es exactamente de mi estilo.

---

4. La lectura del baño de los niños, no la mía.

En tercer lugar, necesito conservar sólo lo esencial, que incluye toda mi ropa negra, blanca y vaquera favorita. No me siento yo misma cuando me pongo prendas de colores. Dame Kansas antes de Oz, por favor.

Ahora mi armario y el proceso de vestirme están *esencializados*. He identificado lo que me importa y he logrado que mi entorno coincida con eso al conservar sólo lo esencial y deshacerme de todo lo demás.

Esto es lo grandioso. Si tener muchas opciones de ropa es importante para ti porque te encanta expresarte creativamente a través de lo que vistes, tu armario esencial tendrá un aspecto diferente al mío, y debería.

No asumas que los medios esenciales son mínimos, especialmente si te encanta tener un gran armario lleno de opciones.

### *Esencialización* del estudio del caso 2: gastar dinero

No pondré palabras en tu boca cuando se trata de tu dinero, así que hablaremos del mío.

Primero, Kaz y yo necesitamos nombrar lo que importa con nuestro dinero. Queremos ser fieles a lo que tenemos. Me doy cuenta de que ésa es una respuesta de escuela dominical, pero es la verdad. Como pareja, hemos abarcado una amplia gama de situaciones financieras. Ambos hemos estado en la escuela al mismo tiempo, comiendo más pasta barata de la que cualquiera debería. Hemos vivido con un salario de escuela pública, donde cada centavo importaba. Tenemos más libertad ahora porque ambos contribuimos a nuestra cuenta bancaria, pero en cada situación, queremos ser fieles a lo que nos han dado. Lo que nos importa es tomar decisiones responsables, dar generosamente y usar nuestro dinero para experimentar el mundo en familia.

En segundo lugar, debemos identificar qué podemos eliminar que se interponga en el camino de lo que importa. La respuesta es cualquier cosa que nos impida ser reflexivos con nuestros gastos: hacer compras impulsivas, comprar algo que no necesitamos simplemente porque está en oferta u olvidar que cada centavo puede marcar una gran diferencia. En tercer lugar, debemos conservar sólo lo esencial. Según lo que importa, lo más importante es hacer un seguimiento de lo que gastamos. Si me olvido de ingresar un gasto en mi aplicación de presupuesto, a menudo pospongo ingresar el siguiente. Y luego el siguiente. Una semana después, estoy sentada con una cartera llena de recibos y una comprensión limitada de dónde estamos en nuestros gastos semanales. Es esencial que haga un seguimiento de nuestros gastos a medida que avanzamos para que nos mantengamos en línea con lo que importa.

Es probable que también desees cierto nivel de atención a tus gastos, y te será mucho más fácil ceñirte a él si sabes lo que importa. Si dices: «Quiero gastar más sabiamente» sin ninguna razón concreta, no *esencializarás*.

### *Esencialización* del estudio del caso 3: limpieza del baño

No creo que tenga las palabras adecuadas para describir cuánto odio limpiar el baño. Está lleno de polvo, húmedo y abundan las sustancias innombrables, y siempre siento que necesito darme una ducha cuando termino.

Aun así, necesitamos baños limpios, al menos la mayor parte del tiempo. ¿Cómo puedo *esencializar* el proceso para hacerlo con más frecuencia sin querer cortarme las venas?

Primero, necesito nombrar lo que importa sobre la limpieza del baño. Lo que importa es que salgo de allí lo antes humanamente posible.

En segundo lugar, necesito preguntarme qué puedo eliminar que me aleja de lo que importa. Por un lado, tengo demasiadas opciones de limpiadores para utilizar. A veces incluso olvido dónde están los productos de limpieza, así que necesito eliminar ese obstáculo simplificándolo. También puedo eliminar mi repulsión al no esperar hasta que el baño esté asqueroso.

En tercer lugar, necesito conservar sólo lo esencial. Según lo que importa y los obstáculos que se interponen, lo esencial es limpiar los baños una vez a la semana antes de que se pongan demasiado desagradables, mantenerlos lo más ordenados posible mientras tanto para poder limpiar más rápido y tener un producto de limpieza en el baño para no tener que buscarlo y perder el valor para limpiar.

## Puedes *esencializar* cualquier cosa

¿El cajón de los cubiertos te vuelve loca? Tal vez esté demasiado lleno porque todavía te sientes obligada a aceptar cosas gratis de cualquiera que te las ofrezca y ahora tienes muchos más cubiertos de los que necesitas.

¿El maquillaje te vuelve loca? Tal vez utilices sólo cinco productos, pero tengas que elegir entre treinta para encontrarlos.

¿Ir a buscar a tu hijo y al grupo de niños de los vecinos en el coche a la escuela te vuelve loca? Tal vez te hayas olvidado que recoger a tu hijo todos los días y darle la bienvenida a tu monovolumen con una sonrisa es más importante que estar molesta por lo mal que está configurada la ruta de vuelta.

Recuerda, en todas las cosas, comienza poco a poco. No tienes que *esencializar* cada rincón de tu vida hoy mismo, pero si sientes el picor del desorden real o emocional que te distrae, *esencializa* ese espacio.

# RECUERDA

- Esencial no tiene por qué significar mínimo; simplemente significa eliminar la distracción de lo que importa.
- Nombra lo que importa, elimina lo que se interponga en el camino y conserva sólo lo esencial.
- Tienes la oportunidad de elegir. No dejes que nadie más elija lo que te importa.
- Puedes *esencializar* cualquier cosa, así que no dudes en intentarlo. Empieza poco a poco.

## UN PEQUEÑO PASO

*Esencializa* tu cajón de cubiertos.

Una vez que tengas una casa que se mueva hacia lo esencial (recuerda, no lo hagas todo de una vez), te darás cuenta de que ciertas tareas resultan mucho más fáciles. Aun así, a veces el orden en el que haces las cosas es importante, independientemente de cuánto hayas *esencializado* tu vida.

A continuación, hablaremos de cómo hacer las cosas en el orden correcto.

# PROCEDE EN EL ORDEN CORRECTO

## Principio de la genial pereza # 11

En los primeros años de matrimonio, me di cuenta de que Kaz lavaba los platos a mano antes de que el lavavajillas estuviera lleno.

¿Por qué?

Eso me ponía como loca. ¿No se daba cuenta de que podría lavar algo que no tenía que lavar? Todavía hay espacio en esa máquina mágica, Nuevo Marido. ¡¿Qué estás haciendo?!

Me volvía loca.

En retrospectiva, él iba en el orden equivocado, pero yo también. Aunque él comenzaba con la tarea equivocada, yo empezaba con la mentalidad equivocada.

Proceder en el orden correcto ayuda con la eficiencia, pero si haces de la eficiencia tu objetivo principal, te inclinas demasiado hacia el territorio de los genios. Te estás esforzando demasiado en las cosas equivocadas y sólo terminarás enfadada con tu servicial esposo porque no es eficiente.

La manera perezosa es más una forma de pensar predeterminada que una elección activa. Puede que no renuncies a hacer las cosas en el orden correcto, es que simplemente no sabías que había un orden. El cerebro de algunas personas no está programado para ver las tareas de esa manera.

Si eso es lo que te pasa a ti, espero que este capítulo, que te abre una puerta hacia cómo proceder en el orden correcto, beneficie tu vida de maneras que no sabías que eran posibles.

Si eres un genio cuando se trata de ordenar, comenzaremos con eso.

## El orden correcto para todo

Cualquier tarea, desde llenar una hoja de cálculo hasta tener una conversación difícil, se puede mejorar siguiendo estos tres pasos:

1. Recuerda lo que importa.
2. Calma la locura.
3. Confía en ti misma.

La falta de pasos tangibles te está matando, ¿no? No te voy a decir que simplemente te pongas a silbar mientras trabajas y todo irá bien, pero tus tareas prácticas y diarias tendrán más impacto si comienzas así.

### UNA TRAYECTORIA DE COLISIÓN EN PERSPECTIVA

Suponiendo que aún necesites un poco de ayuda para identificar lo que importa, especialmente en lo que respecta a cosas molestas como las tareas del hogar, aquí hay algunas ideas.

Poner en orden las cosas no es recoger el desorden de tu familia una y otra vez porque son animales ingratos y tú tienes que hacerlo todo. Poner en orden es dejar espacio para un nuevo desorden intencionado.

Cambiar las sábanas no crea un trastorno visual en cada habitación. Cambiar las sábanas es ofrecer la comodidad de meterse en una cama limpia.

El ejercicio no es algo que tengas que hacer para adelgazar y ser aceptada. El ejercicio es la liturgia de cuidar tu cuerpo y liberarte del estrés.

## Paso 1: recuerda lo que importa

*El camino de la genial pereza* se basa en recordar primero lo que importa. Si comienzas desde cualquier otro lugar, lo estás haciendo desde el sitio equivocado. Al recordar lo que importa en cualquier tarea, puedes ver fácilmente lo que es esencial y lo que no, lo que puedes hacer ahora para facilitar las cosas en el futuro, cómo esa etapa de tu vida está afectando la tarea y cualquiera de los principios de la genial pereza.

Empieza siempre por lo que importa.

Lavar la ropa no es un referéndum en el que se decide si tienes o no tienes control sobre tu vida. Lavar la ropa es una oportunidad para llenar los armarios con ropa que os ayude a ti y a los tuyos a sentiros cómodos y a expresaros.

Limpiar la cocina no es una tarea interminable. Limpiar la cocina es despejar el espacio y llenar los armarios y los cajones con alimentos y utensilios para crear una conexión alrededor de la mesa.

Arrancar las malas hierbas del jardín no es un castigo (excepto cuando era niña y decía mentiras). Arrancar las malas hierbas es una oportunidad para dejar espacio para que crezcan tus flores favoritas.

Limpiar la casa no es una carga constante sobre tus hombros. Limpiar la casa es una manera de cuidar tu hogar y hacer espacio para lo que importa.

## Paso 2: calmar la locura

Una vez que recuerdes lo que importa y te reencuadres, puedes pasar al siguiente paso: calmar la locura. En última instancia, éste es el objetivo en la vida, ¿verdad? Estás cansada de sentirte como un pollo sin cabeza o un hámster en una rueda. Quieres mucha menos locura y mucha más tranquilidad.

Cuando comiences una tarea, recuerda lo que importa y luego pregúntate: ¿Qué puedo hacer para calmar más la locura?

Ya hemos tocado el tema cuando hemos hablado del principio de la genial pereza sobre la construcción de rutinas correctas, y también un poco al hablar de la Pregunta Mágica. Si comienzas una tarea haciendo algo que supone un impacto inmediato, puedes calmar la locura más rápidamente y, con suerte, incluso disfrutar de lo que estás haciendo.

## Paso 3: confía en ti misma

Una vez que hayas recordado lo que importa y hayas calmado la locura, es probable que sepas intuitivamente qué hacer a continuación. Pero tienes que confiar en ti misma.

Es posible que te resulte más fácil decirlo que hacerlo, especialmente si los demás no siempre confían en tu voz, como cuando le dices a tu médico que algo le pasa a tu cuerpo y él te dice que duermas más. O cuando le cuentas a una amiga de manera vulnerable algo que has descubierto sobre tu personalidad y ella te responde con ligereza: «Vaya, pues yo no te veo así».

Si otros no confían en tu voz, es muy fácil que tú misma la descartes.

Sin embargo, puedes confiar en ti misma. De hecho, es vital que lo hagas. A lo largo de los años, he creado un puñado de recursos para que las mujeres se hagan la vida más fácil, y la mayoría de ellos requieren completar algo. ¿Sabes con qué frecuencia las mujeres se niegan a escribir algo porque temen hacerlo mal? ¿Creerías que recibo varias preguntas al día sobre cómo hago yo una tarea porque muchas mujeres se sienten inseguras de sus propias decisiones?

Puedes confiar en ti misma.

Conoces tu vida y tu personalidad mucho mejor que yo y, por lo tanto, eres la mejor persona para saber lo que necesitas. Sí, otras personas tienen una visión hermosa y es un regalo escucharla y recibirla, pero no a expensas de tu propia voz.

> Conoces tu vida y tu personalidad mucho mejor que yo, y por lo tanto eres la mejor persona para saber lo que necesitas.
> Sí, otros tienen una visión hermosa y es un regalo escucharla y recibirla, pero no a expensas de tu propia voz.

Confía en ti misma.

Incluso si hablamos de actuar en el orden correcto con algo tan básico como lavar la ropa, tu voz es importante. Si no confías en ti misma, escucharás mi sugerencia como si fuera una norma, aunque tu instinto sepa lo que necesitas mejor que yo.

Entraremos en formas específicas de actuar en el orden correcto, pero todo orden comienza mejor con estos tres pasos:

1. Recuerda lo que importa.
2. Calma la locura.
3. Confía en ti misma.

## Estudio del caso 1: ordenar rotuladores

Mis hijos colorean todo el tiempo, así que tenemos muchos rotuladores. Me he pasado cientos de tardes recogiendo docenas de ellos y sus capuchones solitarios de debajo de las sillas, de detrás de las cortinas y en mis pesadillas.

En serio, ¿por qué esos humanos pequeños no pueden dejar de darme cosas que hacer?

¡Utilizáis demasiados rotuladores!

Pero a mis hijos les encanta el arte. Les encanta colorear e imaginar y dibujar sus propios cómics.

Cuando empiezo con lo que importa, mi perspectiva cambia y me enfado mucho menos. En lugar de ver que ordenar diariamente los rotuladores es algo molesto, lo veo como un restablecimiento de lo que importa: la creatividad.

A continuación, me pregunto qué puedo hacer para calmar la locura de los rotuladores, y la respuesta es «crear un lugar fácil en el que ponerlos». (Y aquí hay un guiño a «Pon todo en su lugar». ¿Ves cómo todos estos principios juegan entre sí?)

Durante un tiempo, los rotuladores estuvieron en sus respectivas cajas rotas, metidos en diferentes cajones y esparcidos por las habitaciones de los niños. No era inusual encontrar varios rotuladores en mi baño. Oh, por favor, ¿por qué?

Así que calmamos la locura. Conseguimos una canasta gigante para rotuladores y le dimos espacio junto a la mesa de la cocina, donde los niños suelen colorear. Ahora todo el mundo sabe que debe dejar todos y cada uno de los rotuladores en esa canasta.

Ahora es el momento de confiar en mí misma para lo que vendrá después. Los próximos pasos no siempre son formulados, y eso es cierto para nuestra situación con los rotuladores. Sin embargo, ahora que he recordado lo que importa y he calmado la locura, puedo verlo. Sé que la principal razón por la que tantos rotuladores terminan en el suelo es porque están secos. ¡Por supuesto que un niño va a tirar un rotulador inútil al suelo!

Mi siguiente paso es realmente obvio ahora que puedo verlo: tirar los rotuladores secos. No necesito buscar en Google «almacenamiento de rotuladores» ni buscar soluciones creativas en Pinterest. Todo lo que necesito hacer es recordar lo que importa, calmar la locura y confiar en mí misma para saber qué paso elegir a continuación.

Tal vez este enfoque de lista de tareas pendientes o de desafíos a los que enfrentarse te parezca demasiado emocional o simplista, pero en tu método habitual, es probable que te sientas abrumada por todas las opciones y no sepas por dónde empezar.

Procede en el orden correcto: comienza por lo que importa. Calma la locura. Confía en ti misma.

## Estudio del caso 2: limpieza de la casa

Limpiar toda la casa es una montaña formidable que escalar y es difícil saber por dónde empezar.

Empieza por lo que importa.

Si limpiar la casa es cuidar tu hogar y dejar espacio para lo que importa, piensa en eso durante un minuto. Respira. Dale un segundo a la gratitud para que eche raíces. Sé que estás ocupada y que no tienes tiempo para quemar salvia cada vez que necesitas pasar la aspiradora, pero recordar lo que importa es vital para saber cuándo deshacerte de una tarea y cuándo aceptarla.

Después de recordar lo que importa sobre una casa limpia, piensa en lo que calmaría la locura. Tu respuesta será diferente a la de los demás porque todos nos sentimos enloquecer por diferentes cosas.

Recuerdo con mucha claridad un episodio de *The Oprah Winfrey Show* en el que alguien de la audiencia dijo que limpiaba desnuda. Cuando llegaba el momento de limpiar la casa, se quitaba toda la ropa y se ponía a trabajar. ¿Por qué? Sentía que se ensuciaba la ropa cuando limpiaba y no quería esa distracción. Aparentemente, limpiar completamente desnuda calmaba la locura de aquella señora. Tiene que haber de todo, amiga.

¿Qué habitación, si estuviera limpia, haría que la casa pareciera menos caótica para ti? ¿Qué tarea singular haría que esa habitación pareciera menos desastrosa? Calma la locura.

Para mí, la respuesta es siempre el suelo de la sala. Cuando los juguetes, los libros, los calcetines y las tazas de medir que mi hija ha sacado del cajón están esparcidos por nuestro espacio vital principal, siento que la cabeza me da vueltas sin mi permiso. Cuando está ordenada, estoy relajada. Esa tarea singular de limpiar el suelo de la sala cambia lo que siento por toda la casa.

Ahora es el momento de confiar en lo que vendrá después. No necesito buscar el permiso de otra persona o ni siquiera concentrarme en lo que es mejor. Hacer lo que me sienta bien es un buen siguiente paso basado en lo que necesito, cuánto tiempo tengo y qué energía estoy dispuesta a gastar.

## NO LIMPIES SIEMPRE LO MÁS SUCIO

Puedes pensar que necesitas limpiar cualquier habitación que haya recibido la menor cantidad de atención desde la última vez que limpiaste. Si basas tu elección sólo en lo más sucio, puedes perder el tiempo en una habitación que no importa. Omite la habitación más sucia si te impide ocuparte de un espacio que te haga sentir más tranquila.

La habitación sucia puede esperar.

# Estudio del caso 3: limpieza del baño

Ya sabes cuánto odio esa horrible habitación. ¿Por qué es la peor a la hora de limpiar?[1]

No voy a mentir, para mí es difícil recordar lo que importa en el baño porque la recompensa no es lo suficientemente rápida. Aun así, sé que me sentiré significativamente mejor una vez que el lavabo esté limpio y huela bien. Esa promesa me impulsa a cumplir.

En términos de calmar la locura, lo que me pone de los nervios es el polvo húmedo.

Piensa en cuando limpias el baño. Rocías el lavabo o el inodoro con limpiador y comienzas a limpiar. ¡Pero luego están esas pequeñas motas grises que siguen pegadas a las superficies! ¿Qué está pasando?

Es polvo y lo has mojado.

Y entonces se activa en mí el núcleo de la ira.

Me enervo cuando mis esfuerzos por limpiar el baño parecen inútiles porque no puedo deshacerme de ese polvo húmedo, así que la mejor manera de calmar la locura del baño es quitar el polvo primero.

Sin aerosoles. Sin trapos mojados. Quita todo el polvo de las superficies y luego pulveriza el producto de limpieza.

Tu manera de calmar la locura probablemente será diferente a la mía, pero ese polvo húmedo es un claro desencadenante de mi ira. Para mí tiene sentido ocuparme de eso primero, no sólo para facilitar el proceso de limpieza, sino también para mejorar mi actitud.

Luego hago lo que creo que debería venir a continuación, que suele ser limpiar rápidamente las superficies.

El baño está aceptablemente limpio y no estoy enfadada. Misión cumplida.

---

1. Puedo pensar en varias razones, y la mayoría tienen que ver con la palabra «orina».

## UN BUEN ORDEN PARA CONSEGUIR UN BAÑO EXTRALIMPIO

1. Limpia el polvo.

2. Limpia todas las superficies.

3. Rocía todo con un limpiador y pasa el trapo.

4. Barre el suelo.

5. Limpia el lavabo y el inodoro.

6. Limpia los espejos.

7. Friega la bañera o la ducha.

8. Pasa la mopa por el suelo.

9. Vuelve a colocar cada frasco y cepillo en su lugar.

10. Date una ducha porque te lo mereces.

## Estudio del caso 4: la colada

La colada definitivamente importa porque necesitamos usar ropa. Más allá de eso, me encanta pensar en la colada como en una manera de reponer algo que me ayude a mí y a los míos a sentirnos cómodos. Cuando clasifico, lavo, pliego y guardo la ropa con esa perspectiva en mente, puedo encontrar más fácilmente la alegría en la tarea.

Una vez que recuerdes lo que te importa de la colada (porque podría ser algo muy diferente para ti), pregúntate qué puedes hacer para calmar la locura.

Todo depende de lo que te haga sentir que estás en medio del caos.

En mi caso, si me he esforzado en clasificar y lavar en función de dónde termina la ropa (¿recuerdas lo de los lotes?), quiero que ese esfuerzo valga la pena. Me pone enferma hacer una carga de calcetines y ropa interior, sólo para encontrar un par de calcetines sucios en algún otro lugar de la casa.

Calmo la locura recogiendo cada prenda sucia de la casa antes de comenzar la primera carga. De lo contrario, pierdo el poder de clasificar por lotes porque no tengo toda la ropa junta a la vez.

Después de eso, confío en mí misma para hacer lo que tenga más sentido. Sorpresa: es probable que en realidad sea lavar una carga de ropa, pero puedo decidir qué prendas tienen más sentido para mi día y cómo me siento.

## CONSEJOS PARA LA COLADA

Tus necesidades son diferentes según lo que estés lavando y cuánto tiempo tengas, pero considera estos consejos para encontrar el orden correcto para la ropa:

- Empieza por las sábanas. Son una carga por sí solas, y puedes empezar a lavar la ropa sin tener que esperar a recoger todo lo demás. Lo más probable es que encuentres todas las sábanas sin necesidad de registrar los rincones de la casa.

- Elige la siguiente carga para lavar según lo que harás cuando esa carga termine de secarse. Si vas a poner la secadora cuando te vayas a recoger a los niños de la escuela, no laves una carga de ropa que inevitablemente se arrugará esperando a que llegues a casa.

- Lava la ropa durante la noche. Si recolectas y clasificas por la noche, lava una carga que pueda arrugarse y déjala secar mientras duermes. Llena la lavadora con la siguiente carga antes de irte a la cama y luego presiona el botón para encenderla cuando te despiertes. Ya llevas una carga y media antes de que te hayas tomado el café.

# Estudio del caso 5: planificación del día

La productividad no siempre tiene que ser el objetivo del día.

Está bien dedicar un día al descanso o a mecer a tu bebé en brazos, o ni siquiera echarle un vistazo a la lista de tareas pendientes. Si mantienes la productividad como el estándar para planificar el día, podrías perderte lo que realmente hace que valga la pena.

Recuerda lo que importa y podrás decidir qué es. Ciertos días deben ser productivos. Si tienes una fecha límite de entrega, entiendo el impulso de actuar. La productividad en sí misma no es mala.

Pero no siempre es lo que importa.

Mientras planificas el día, ya sea la noche anterior o con los ojos llenos de legañas por la mañana, primero recuerda lo que importa ese día: conexión, limpiar la casa para que te sientas más como tú misma, salir a correr para que puedas reducir el estrés de tu cuerpo, o revisar el congelador porque estás a punto de llegar a un momento loco de la vida y necesitas hacer preguntas mágicas sobre tus comidas por un momento.

Lo que importa puede ser práctico, conmovedor o tangible. O podría ser una apropiación frustrada de algo parecido a la serenidad. Sea lo que sea, asígnale un nombre.

A continuación, ¿qué puedes hacer para calmar la locura de hoy? Completa el espacio en blanco para eso. Te sentirás en pleno caos por diferentes razones día a día, pero al comenzar por lo que importa, puedes responder esa pregunta de manera más reflexiva y hacer algo para ayudarte a sentirte más como tú misma a medida que avanza el día.

Finalmente, confía en ti misma. Confía en que sabes qué incluir en tu lista y qué debe esperar hasta otro día. Confía en que los tuyos te valoran por razones que van más allá de lo que haces. Confía en que puedes recoger la compra de camino a casa después del entrenamiento de fútbol y comer lo que saques de la primera bolsa, ya que lo que importa es estar juntos, no una cena digna de Instagram.

## Cuando el orden está a cargo

Tal vez te sientas inspirada a ir en este orden: recuerda lo que importa, calma la locura y confía en ti misma. Me siento sincera y cómoda.

Y sin embargo…

Ojalá mi esposo cargara el lavavajillas antes de lavar los platos.

Ojalá mi hijo se diera cuenta de que lavarse las manos antes usar el baño es en realidad una pérdida de tiempo.

Ojalá no me enfadara tanto cuando mi lista de la compra no sigue el mismo orden que los pasillos de las tiendas de comestibles.

Ojalá no dependiera tan a menudo del orden para que el día fuera productivo y exitoso.

**Depender del sistema y del orden en sí nos deja vacíos y nos robotiza, aunque técnicamente estemos haciendo mucho.**

La vida es personal y tiene matices. No puedo asumir que el enfoque de hoy para mi día funcionará mañana. No sé si uno de mis hijos estará enfermo y no irá a la escuela, o si tendré un dolor de cabeza que me dejará inconsciente o si la construcción inesperada de una carretera me pondrá en un estado de nerviosismo irracional.

Tú y yo no podemos depender del orden como ley. Depender del sistema y del orden en sí nos deja vacíos y nos robotiza, aunque técnicamente estemos haciendo mucho.

Sé que quieres la mejor manera de hacer las cosas. Supongo que aunque esta idea del orden correcto es atractiva, también puede parecerte molesta.

«¡Sólo dime qué hacer, Kendra, y lo haré!».

No necesitas que te diga qué hacer, pero te daré permiso para que confíes en ti misma.

Sabes qué hacer mejor que yo, porque ésta es tu vida.

## RECUERDA

- Sabes lo que necesitas más que cualquier otra persona.
- Cualquier tarea puede hacerse en el orden correcto: recuerda lo que importa, calma la locura y confía en ti misma.
- Aunque el orden es algo hermoso, no es lo único.

### UN PEQUEÑO PASO

Si tienes una lista de tareas pendientes para hoy, elige una cosa y sigue esos tres pasos. Presta atención a cómo tu actitud e incluso tu eficiencia se ven afectadas por proceder en el orden correcto.

En los días en que la productividad no es el objetivo final, ¿cuál es? Descansar.

Hablemos de cómo programar los descansos.

# PROGRAMA DESCANSOS

## Principio de la genial pereza # 12

Casi todos los meses me pasa lo que llamo un «apagón corporal». Es como si tuviera gripe, dolor en las articulaciones, escalofríos, dolor de cabeza, generalmente algo asqueroso y relacionado con el estómago, pero en realidad no tengo gripe.

Lo que tengo es un cuerpo cansado que no puede seguir adelante.

Antes de tener hijos, descansaba mejor, incluso si era algo accidental. Simplemente tenía más tiempo. Dormía hasta tarde los fines de semana, podía apoyarme en los ritmos naturales de mi cuerpo y no tenía un trabajo con un horario exigente. Era más fácil descansar, aunque no supiera la importancia que tenía.

Luego tuve hijos y todo ese tiempo se escapó por la ventana.

No es una historia nueva. Si tienes hijos, lo has experimentado. O puedes tener un padre que necesita atención las 24 horas del día, un trabajo con un horario exigente, un negocio que comenzaste y que adoras pero que debes cuidar como si fuera un ser humano…

La mayoría tenemos algún tipo de obstáculo para descansar.

La ironía es que las personas con obstáculos generalmente necesitan descansar aún más.

## Por qué necesitamos descanso

Es obvio, ¿verdad? Sin embargo, es un principio que se ignora con mucha facilidad.

Si quieres abrazar lo que importa, necesitas atención plena. Si quieres hacer las cosas, necesitas energía. Ambas están impulsadas por el descanso.

Ya sabes que el sueño cura las heridas, reduce la inflamación, le da un respiro al corazón y regula las hormonas. Necesitamos dormir para funcionar bien. Supongo que no me discutirás eso.

Pero aquí es donde radica el problema: no crees que el sueño y el descanso valgan la pena.

> Si quieres abrazar lo que importa, necesitas atención plena. Si quieres hacer las cosas, necesitas energía. Ambas son impulsadas por el descanso.

Me dirás que hay mucho que hacer, demasiada gente a la que cuidar y demasiados programas que ver, aunque te pesen los párpados. También podrías pensar que como has sobrevivido tanto tiempo con tu ritmo actual de descanso, es mejor que continúes así. Seguro, estás cansada y malhumorada, pero en su mayor parte es manejable, ¿verdad?

Yo también pensaba eso, hasta que mi cuerpo se volvió contra mí.

## La perspectiva ideal del descanso

Durante un tiempo, los apagones de mi cuerpo se volvieron más frecuentes, una vez cada dos semanas. Luego tuve un par de ataques de pánico en los que no podía respirar y tuve que llamar a alguien para que viniera a buscarme.

Me ocupaba de la situación sólo cuando se presentaba. Para un apagón del cuerpo llamaba a Kaz para que regresara temprano a casa para estar con los niños, me frotaba aceite esencial de pomelo en el estómago, me tomaba tres ibuprofenos y luego dormía durante doce horas. Para los ataques de pánico, respiraba conscientemente, la mayoría de las veces me recuperaba pronto, y ocasionalmente establecía una cita con mi terapeuta si lo consideraba apropiado. En lugar de prestar atención a la raíz del problema, sólo me ocupaba de los síntomas inmediatos. Si pensaba en una solución a largo plazo, siempre era demasiado grande:

«Dios, necesito unas vacaciones».

«Necesito alejarme».

«Necesito un largo período de tiempo en el que pueda relajarme y tener cero responsabilidades».

Luego me comprometía a comprar un libro sobre los rituales matutinos y a buscar en Google «consejos para dormir más». Pensaba que la solución a los apagones de mi cuerpo era ser un genio sobre el descanso, reuniendo tantos trucos y consejos como pudiera mientras esperaba que llegaran mis grandes vacaciones.

¿Y tú? Cuando piensas en el descanso, ¿qué ves?

Tal vez sea una habitación vacía que no te pertenece, una lujosa cama blanca, cortinas ondeando en la brisa. Quizá veas el océano o las montañas. Ves un fin de semana sola en una cabaña en el bosque o un viaje de chicas destinado a comer, comprar y dormir. Hay tantas posibilidades hermosas… y ninguna incluye jefes autoritarios o niños pequeños.

Es bastante común imaginar el descanso a gran escala. Si pudieras escaparte por un tiempo, todo sería mejor. Todo lo que necesitas es un descanso.

La ironía es que cuando tienes la oportunidad, cuando los abuelos se llevan a los niños a una fiesta de pijamas o te invitan a un fin de semana de chicas, te estresas tratando de descansar.

¡Haz que valga la pena! ¡Ésa es la única oportunidad que tendrás durante siete años más!

Luego regresas a casa y la vida es prácticamente la misma, aunque te escapaste de todo.

¿Por qué?

No sabes descansar.

En medio de la rutina diaria, te has vuelto perezosa con el descanso. Vives, sobrevives y te esfuerzas lo mejor que puedes, esperando desesperadamente un descanso que parece que nunca llegará. Y esa mentalidad de todo o nada siempre te deja descontenta. Si quieres un día para ti sola, tener sólo una hora es una decepción. Si sueñas con unas vacaciones de una semana en una isla tropical, pasar la noche en un hotel en tu propia ciudad es decepcionante. Ninguna forma de descanso parece suficiente, y este descontento puede incluso transformarse en que la vida no sea suficiente, lo que significa que debemos estar haciendo algo mal, lo cual presupone que no somos suficientes.

Es muy divertido ser una persona, ¿no?

## La verdad sobre el cuidado personal

Para utilizar la genial pereza con el descanso, debes nombrar lo que te importa, hacerlo y dejar que las otras preocupaciones desaparezcan. Encuentro que esta perspectiva simple es útil cuando se habla del cuidado personal. El cuidado personal está tan de moda como las camisas con los hombros descubiertos y la dieta paleolítica.[1] La última moda es tomarse un tiempo para ti y satisfacer tus propias necesidades para que puedas ser una persona mejor y estés más sana. Los ejemplos incluyen el uso de mascarillas faciales semanales, hacerse la manicura o salir a correr. A menudo se centran en el cuerpo físico e incluso se inclinan un poco hacia los mimos. Si bien me gusta la vida mimada, no siempre es práctica a diario, ni aborda la razón más profunda por la que estás cansada.

---

1. Inserta las tendencias apropiadas como mejor te parezca.

El cuidado personal debe ser una práctica regular en la que realices lo que te hace sentir tú misma. Es una práctica en la que recuerdas quién eres.

## Nombra lo que te hace sentir tú misma

En la introducción, he dicho que estás cansada no por tu horario, sino porque te estás esforzando mucho por ser un ser humano perfectamente optimizado. Claro, los horarios ocupados juegan un papel. Por otro lado, durante años estuve ocupada sólo con pañales sucios y bebés que lloraban, pero todavía me sentía tan exhausta como si hubiera estado negociando acciones o dirigiendo una sala de urgencias médicas.

Tus tareas no son necesariamente el origen de tu estrés; tratar de encajar en el molde de quien crees que deberías ser casi siempre lo es. Te pasas todo el día haciendo, gestionando y pensando demasiado, y en poco tiempo, en medio de la locura, te olvidas de quién eres.

Necesitas recordar quién eres y descansar en tu identidad. Hay más de una forma de hacerlo, así que no te sientas presionada por encontrar una sola cosa perfecta que te defina. Tu lista será larga y eso es bueno.

¿Cuándo te sientes más viva?

¿Qué te hace tener confianza y seguridad en quién eres?

¿Qué puedes hacer durante horas sin esfuerzo y sentir todo tipo de alegría?

Si puedes nombrar varias prácticas que te ayuden a sentirte tú misma, que te permitan recordar y descansar en la verdad de quién eres, experimentarás un nivel de descanso que literalmente puede cambiar tu vida.

Aquí está mi lista personal de lo que me hace sentir yo misma: hornear, escuchar música, caminar o correr en un entorno natural, estar con amigas, reír, alimentar a la gente y fijarme en mi entorno.

¿Qué no me hace sentir yo misma? Trabajar en el jardín, hacer manualidades, ir de compras, limpiar y todo lo que tenga que ver con mis uñas.

Una vez que tengas tu propia lista y sepas lo que te hace y lo que no te hace sentir tú misma, estarás mejor equipada para desarrollar ritmos de descanso estacional, descanso semanal, descanso diario y descanso del alma.

Nuestras vidas no son iguales, por lo que nuestros enfoques para el descanso tampoco deberían serlo.

Exploremos esto más.

## Descanso estacional

Comenzar con un día libre semanal o un acto de descanso diario puede ser demasiado precipitado, así que empecemos con el descanso estacional. Me encanta el ritmo incorporado de las estaciones y puede enseñarnos mucho sobre los ciclos de la vida y sobre cómo tomarnos un descanso.

Así que, ahora mismo, saca tu agenda y programa un día de descanso estacional. Si eres valiente, sigue adelante y programa varios para todo el año.

Reserva un día cada tres meses para ser tu verdadero yo. Recuerda quién eres, diviértete haciendo lo que te gusta y recibe el amor que te profesan los tuyos. Programa el día para que lo honres. No seas perezosa al respecto.

Tu día de descanso estacional puede ser lo que necesitas. Ésa es la diversión de la genial pereza con respecto al cuidado personal y al descanso. Haz sólo lo que te importa.

Puedes dedicar tiempo a reflexionar, correr, leer o cualquier otra cosa que te haga sentir bien.

Tómate el tiempo y haz lo que te haga sentir como tú misma.

La genial pereza te dice que empieces poco a poco, y que crear un ritmo de cuatro días de descanso al año no es algo demasiado exigente.

## Descanso semanal

El siguiente paso es el descanso semanal.

¿Tiene que ser un día completo a la semana? No. Sería genial, pero es mejor hacer lo que es más probable que funcione que lo ideal.

Mira tu lista de lo que te hace sentir tú misma y considera una o dos cosas que podrían encajar en un ritmo semanal.

Podría ser útil pensar en cómo funcionaría mejor para ti el ritmo semanal. ¿El mismo día? Tal vez podrías hacer un descanso entre semana los miércoles o un día de descanso intencionado los domingos. ¿La actividad es independiente del día en que caiga? Tal vez te encantaría ir a clase de zumba una vez a la semana y hay opciones para elegir diferentes sesiones de clases según tu horario. Nombrar esa diferencia puede ayudar.

Mi descanso semanal personal se basa más en mis elecciones que en un día en sí. Camino o corro para aliviar el estrés tres veces por semana, pero esas tres veces no tienen que ser en días específicos o ni siquiera estar muy espaciadas. La semana pasada, corrí el jueves, el viernes y el sábado, lo cual está espaciado lo menos logísticamente posible. Aun así, cuenta y ayuda. Me siento más yo misma cuando mi estrés tiene un lugar a donde ir, y es una ventaja cuando puedo correr por el bosque.

Tu descanso semanal podría ser tan simple como comprar café en una tienda local o visitar el mercado de agricultores todos los sábados por la mañana. Podrías dar una caminata larga una mañana cuando tus hijos estén en la escuela, o podrías arrancar las malas hierbas después de la cena una o dos noches a la semana.

Los pequeños pasos son importantes y adaptarlos a tu semana no tiene por qué ser complicado. Comienza con una actividad y hazla semanalmente.

## Descanso diario

Una de mis actividades favoritas es hornear. ¿Me das una tarde para hacer pan o un pastel y dárselo a mi gente? Sí, por favor. Hace que mi cuerpo se relaje y mi alma se sienta en paz más que con cualquier otra cosa.

¿Pero puedo hacerlo todos los días? Definitivamente no. Hornear requiere su tiempo, y aunque dedico tiempo a lo que importa, no puedo, desde un punto de vista práctico, prestar atención diaria a hornear galletas.

Creo que ahí es donde nos quedamos estancadas con el descanso diario. Tu actividad diaria no tiene por qué ser tu actividad favorita. Si tu objetivo es tu forma preferida de descansar, especialmente cuando es difícil encontrar tiempo para ello a diario, te sentirás decepcionada y pensarás que el descanso diario no está en tus planes.

Pero tiene que estarlo.

Empieza poco a poco.

Tal vez en lugar de hornear un pastel todos los días, puedas hojear un libro de repostería y soñar con lo que harías a continuación. Si te encanta correr por la playa pero vives a varias horas de la costa, corre mientras escuchas los sonidos del océano. (No lo descartes hasta que lo pruebes).

> **Tu actividad diaria no tiene por qué ser
> tu actividad favorita.**

Los pequeños, intencionados y diarios actos de descanso son mucho más poderosos que esos mágicos fines de semana de unicornios sin niños ni responsabilidades, porque estás aprendiendo a descansar.

Encuentra maneras sencillas de participar en algo que te haga sentir tú misma, aunque no sea tu actividad ideal. Hay algo que puedes hacer todos los días, así que prográmalo y hazlo tan a menudo como puedas.

## Descanso diario a través del sueño

No te voy a decir que te vayas a dormir más temprano o que cargues tu teléfono en una habitación separada. Si te funciona eso, genial, pero ésa no es la cuestión aquí.

Utilicemos otro principio de la genial pereza y procedamos en el orden correcto. Empieza siempre por lo que realmente importa. Tal vez necesites un replanteamiento de lo que importa sobre el sueño. En lugar de verlo como algo que debes hacer o como una pérdida de tiempo, piensa en dormir como una manera de reabastecerte.

Tú importas y tu sueño también importa. ¿Hay compensaciones? Seguro.

## SIEMPRE HAY UN PAR DE HUELLAS

Mis esfuerzos personales para ganar el control están conectados con mi vida espiritual con Cristo, y en caso de que eso también sea cierto para ti, me encantaría compartir mis sentimientos sobre el poema «Huellas en la arena». Sabes a qué me refiero, ¿verdad? Creo que alcanzó su apogeo alrededor de 1995.

La autora del poema describe un sueño en el que su vida es un paseo por la playa con Dios. Cuando estaba feliz y serena, había dos pares de huellas, una al lado de la otra. Pero durante los momentos más difíciles y tristes de su vida, sólo se veía un conjunto de huellas. Cuando ella le preguntó a Dios por qué la había abandonado cuando la vida era más difícil, él le responde que nunca se fue, sólo la llevaba en brazos. Las huellas eran de él.

Las últimas líneas son como un giro de M. Night Shyamalan para los cristianos.

Admito que cuando era una adolescente espiritualmente banal, este poema me dejó alucinada. ¡Qué extraordinario! ¿Me lleva durante los tiempos difíciles? ¡Qué Dios tan bondadoso y amoroso al que sirvo!

¿Pero no sería genial si nuestro caminar fuera principalmente de dos pares de huellas? ¿No parece mejor? Obviamente, te agradaría más si no lo necesitaras tanto.

Durante la mayor parte de mi vida, ése fue mi objetivo. Necesitar a Dios era aceptable para las cosas realmente difíciles, pero hacía todo lo que podía para funcionar por mi cuenta.

Y yo era sorprendentemente buena en eso.[2]

Pero me perdí la parte de la escuela dominical que hablaba de que intentarlo no me hace más santa. No hace que Jesús se sienta más orgulloso. No me hace mejor cristiana.

Simplemente me cansa.

Dependes de ti misma hasta que no puedes más y luego clamas a Jesús o por unas vacaciones en la playa. El agotamiento te ataca tanto al cuerpo como al alma, y ya está.

La verdad es que nunca llegaremos al final de nuestra necesidad de Él. Y Él nunca se cansará de esa necesidad.

Siempre hay un par de huellas.

Soy una gran fanática de los deportes, y algunos de mis partidos favoritos de la NBA no comienzan hasta las diez y media de la noche. Hum, eso es tarde. ¿Vale la pena sacrificar sentirme como yo misma? A veces sí, normalmente no. Al nombrar lo que realmente importa (el descanso triunfa sobre el baloncesto), puedo elegir lo que tiene sentido para mí.

Y recuerda que la elección que hagas hoy no tiene por qué ser la elección que hagas mañana.

Una perspectiva útil para ver el valor del sueño es recordar que puedo poner fin al día de hoy, sabiendo que lo más probable es que tenga otro día mañana y pueda hacer con ese día lo que quiera. Quizá eso sea simplista, pero marca la diferencia. Siento

---

2. Mi clase de último año me votó como la más fiable. La más fiable. Eso es tan perfecto y poco sexy como parece.

menos presión para encajar todo esta noche, porque se acerca el día siguiente. Dormir no es algo a lo que finalmente sucumbo, porque mi cuerpo me dice: «Kendra, ¡acuéstate y cierra los ojos!».

El proceso es lento y decidido, y en realidad vale más la pena cuando lo veo como un interruptor que elijo activar.

Hoy se acabó. Mañana será un nuevo día. Hora de irse a dormir.

## Descanso del alma

Emily P. Freeman dice que el descanso de tu alma es «sentarse por dentro».[3] Me encanta eso porque sé exactamente lo que se siente al estar de pie, corriendo o escondido en un rincón por dentro. Tu vida interior influye en gran medida en tu bienestar físico, y cuando no le das a tu alma la oportunidad de descansar, tu cuerpo lo sentirá de manera aguda. Tienes que dejar de llevar cargas que nunca debiste llevar. Mientras estés abrumada por dentro, el descanso físico sólo llegará hasta cierto punto.

Para mí, mi alma encuentra descanso al creer en mi verdadera identidad. Cuando creo que fui hecha a propósito, que mi personalidad es un regalo, que soy suficiente como soy y no por lo que hago, puedo sentarme por dentro de verdad. Puedo buscar conexión en lugar de protección.

Puedo ser yo misma y dejar ir lo que no importa, que casi siempre es mi intento de hacer todo por mi cuenta. Cuando trato de abarcarlo todo, no puedo recibir ayuda y dejar entrar a la gente. No presto suficiente atención a lo que el momento o la temporada está tratando de enseñarme. Me olvido de empezar poco a poco. Procedo en el orden absolutamente equivocado, poniendo mi productividad en el asiento del conductor.

---

3. Emily P. Freeman: «Sit Down on the Inside», episodio 62, *The Next Right Thing*, pódcast, 16:39, https://emilypfreeman.com/podcast/the-next-right-thing/62

El descanso del alma y aprender a sentarse en el interior son actos de dejar ir. No tienes que hacerlo todo tú. Puedes confiar en las personas y en un poder más grande que tú.

Si ignoras tu propio descanso por algo que no importa, es hora de dejarlo ir.

Uno de los mandamientos de Dios para su pueblo, además de no matar a otros ni engañar a la esposa, es recordar el día de reposo y santificarlo.

El descanso es parte de cómo estamos hechos. Ponlo aparte. Prográmalo. Hónralo.

No hagas, hagas y hagas, sólo para terminar emocionalmente exhausta al anochecer. Descansa diariamente, semanalmente, estacionalmente y descansa tu alma, y experimenta la plenitud de quién eres.

## RECUERDA

- El cuidado personal consiste menos en mimos que en hacer lo que te hace sentir tú misma.
- El descanso no ocurre por sí solo, tienes que programarlo.
- Nombra lo que te hace sentir completa y encuentra maneras de experimentar lo que nombraste de manera estacional, semanal y diaria.
- Deja de cargar con lo que nunca debiste cargar y siéntate en el interior.

## Un pequeño paso

Programa un día para ti en los próximos tres meses. Sólo un día.

No siempre tienes que hacerlo todo, pero probablemente aún lo intentes. Y probablemente falles en eso, igual que yo. Si tienes más práctica diciéndote a ti misma lo que hiciste mal que siendo amable contigo misma, este último principio es la mejor manera de terminar.

# SÉ AMABLE CONTIGO MISMA

## Principio de la genial pereza # 13

La otra noche tuve un problema. Mis emociones me estaban dando un berrinche, mis hormonas se apuntaron al drama y mi obstinada hija de tres años fue la directora de pista de mi tortura personal. Después de una dura hora de negociaciones con rehenes que incluyeron unos cuantos gritos lamentables (léase: debía acostarla), me hundí en mi silla de IKEA cubierta de rayas de rotulador indeleble y pudín y le dije a mi esposo entre lágrimas: «Creo que soy una madre terrible».

Y él no respondió.

¿Quizá no me escuchó?

[*Sniff, sniff*].

[Grillos].

Y entonces me puse furiosa. ¿Cómo se atrevía a pasar de mi manipulación emocional y no decirme exactamente lo que quería escuchar? ¿Cómo se atrevía a dejar que una declaración tan vulnerable flotara en el aire sin abalanzarse sobre mí y abrazarme para hacerme sentir mejor? Y se lo dije. Furiosamente.

Varios minutos más tarde, después de que dejé de gritar y recordé que era una adulta que podía disculparme y utilizar mis palabras, le pregunté por qué no me había respondido.

«Porque sabía que si te decía que eras una buena madre, me la devolverías de algún modo».

Oh. Perfecto.

Tenía toda la razón.

Si Kaz hubiera dicho: «Cariño, eres una madre genial», probablemente habría respondido con un gesto de la mano o con los ojos en blanco, cualquier cosa para ignorar lo que realmente quería pero no sabía cómo recibir.

Me mantuve bajo los altos estándares de mamá e indirectamente mantuve a mi esposo en los altos estándares de lectura mental y luego me puse en una posición de no poder recibir ninguna amabilidad.

¿Por qué? Porque en ese momento me sentía como una mala madre.

Ésa era mi verdad.

¿Quería que Kaz ayudara a cambiar esa verdad? Claro que sí, pero tenía razón en que no habría importado. Descarto inmediatamente las afirmaciones sobre quién soy porque no estoy preparada para creerlas.

> **Sin cariño por nosotras mismas, sin dulzura por dentro, sin ser amables con nosotras mismas, siempre estaremos cansadas.**

Sin cariño por nosotras mismas, sin dulzura por dentro, sin ser amables con nosotras mismas, siempre estaremos cansadas. Siempre cargaremos con lo que nunca estuvimos destinadas a cargar y cavaremos hoyos que no van a ninguna parte. Nuestra energía se destina a mantenernos al día con nuestra línea de meta en movimiento, sin dejar espacio para la satisfacción y la aceptación de quiénes somos y dónde estamos ahora.

Ah, y una ventaja: cuando no nos amamos a nosotras mismas, es muy difícil aceptar el amor de los demás.

## La regla de oro de la genial pereza

Nombrar lo que quieres abrazar y de lo que quiere deshacerte cuando se trata de quehaceres y agendas es mucho más fácil que nombrar lo que te importa. La regla de oro dice que trates a los demás como quieres que te traten a ti, pero no creo que te trates muy bien a ti misma. Es una regla difícil de seguir cuando la mitad fundamental no siempre es cierta.

Hablemos de cómo te tratas a ti misma. ¿Cómo describirías tu relación contigo misma? ¿Sois enemigas? ¿Rivales? ¿Eres tu propia Jillian Michaels?[1]

Supongo que te mantienes en estándares bastante altos, que buscas un yo optimizado e ideal. Sin embargo, mientras no seas ese ideal, o intentarás ser un genio acerca de ese yo futuro, presionando y rastreando y estableciendo metas que no alcanzas, o serás una perezosa, y verás el crecimiento como inútil y finalmente lo abandonarás por completo.

Recuerda, a menudo pensamos que es esforzarse o darse por vencido. Hagámoslo de otra manera.

Probablemente hayas escuchado en algún pódcast de charlas de chicas que debes tratarte a ti misma como tratarías a una amiga, pero ésa no es la imagen completa. La regla de oro de la genial pereza dice que *tú eres tu propia amiga.*

No eres un proyecto.

No eres algo que hay que arreglar, esculpir y evaluar a diario.

Eres una persona valiosa tal como eres ahora, y esa persona merece tu amabilidad porque es tu amiga.

---

1. Entrenadora personal, empresaria, autora y personalidad de la televisión estadounidense afincada en Los Ángeles, California.

## Relájate con el potencial

¿Mirarías a una amiga querida desde la perspectiva de su potencial, lo que podría ser, y la juzgarías por lo que no es? Por supuesto que no. Sería cruel.

En cambio, te lo haces a ti misma. Regularmente miras desde la perspectiva de tu potencial y evalúas lo que podrías o deberías ser en lugar de mirarte a ti misma con amabilidad y amor.

Te lo digo, el potencial se comerá tu almuerzo.

Mantienes el futuro, la versión ideal de ti misma, como la zanahoria en la punta del palo, y eso hace que estés descontenta con lo que eres ahora. No te ves bien, no actúas bien, no te vistes bien o no cocinas los platos correctos. No eres una madre correcta, no tienes citas correctas, no lees bien la Biblia o no sabes cómo hacer deliciosas madalenas desde cero. Así que sigues tratando de convertirte en esa persona en la distancia que sabe cómo hacer todo de la manera correcta, y te regañas silenciosamente por quién eres ahora y por no llegar a todo lo suficientemente rápido.

Por eso los hábitos y las metas pueden sentirse como cargas. Los hábitos diarios suelen servir para ayudarnos a mejorar quiénes somos actualmente o alcanzar algún tipo de potencial al que apuntamos. Escúchame. No te estoy diciendo que no debas esforzarte por crecer, pero si buscas algún ideal arbitrario sin ser amable con quien eres en este momento, con la persona que es suficiente, que no es sólo una sombra de quien estás intentando ser, ese ideal se convertirá en un ídolo que te defraudará constantemente.

Creo profundamente que vivir de acuerdo a estos principios de la genial pereza, incluso los superprácticos, ejercitará el músculo de verte a ti misma con ojos más amables mientras descansas, reflexionas y caminas hacia una versión más profunda y verdadera de lo que ya eres y de lo que te importa.

Detengámonos aquí por un momento y aprendamos a valorar quiénes somos ahora, reflexionemos sobre en quiénes nos estamos convirtiendo y celebrémoslo por el camino. Así es cómo se hace.

## Paso # 1: valorar quién eres ahora

Una sencilla forma de valorar quién eres ahora es con un acto diario de bondad. Haz algo por ti misma que sea un regalo para quien eres hoy.

No te dejes engañar y conviertas esto en algo genial. Ese acto de bondad no son las flexiones diarias que nunca te han importado, un diario en el que nunca has encontrado satisfacción o la limpieza diaria de la casa porque deberías estar más al tanto de eso. No es un hábito de crecimiento diario.

Es un acto de bondad diario.

Piensa en lo que haces por una amiga a la que quieres. Le llevas un buen café sólo porque sí. Le envías un mensaje de texto al azar para decirle que la quieres. Le ofreces llevarte a sus hijos a hacer un recado para que ella pueda tener una hora a solas. Ninguno de esos actos tiene la intención de convertirla en una humana mejor o inspirarla hacia su potencial. Muestran bondad simplemente porque la quieres.

También puedes amarte a ti misma y mostrarte una bondad genuina.

Sé que éste es un territorio extraño. No estoy diciendo que debas mirarte en el espejo y decirle «Te amo» al reflejo, pero seguro que parece una idea mejor que mirarse en el espejo y decir «Consíguelo», algo que yo he hecho al cien por cien.

Mostrarte a ti misma amabilidad todos los días no está destinado a envanecerte. Tiene el propósito de ayudarte a recordar que estás rodeada por lo Divino y que Él se deleita en ti tal como eres.

Sé amable contigo misma como lo serías con una amiga. Acepta el acto diario de hablar con quien eres hoy con compasión y entusiasmo. Siéntate en silencio, respira el aire de la madrugada, lee una novela sin justificación, échate una siesta, acepta la oferta de una amiga de traerte la cena. Mírate al espejo y sonríe a quien ves. No a lo que ves, sino a quien ves. No eres un plano que busca ser completado; eres un alma sagrada creada por el Dios del universo.

Ama a quien eres ahora. Te lo mereces.

## Paso # 2: reflexiona sobre en quién te estás convirtiendo

James Clear dice: «Si quieres mejores resultados, olvídate de establecer metas. En cambio, concéntrate en tu sistema».[2]

Es toda una toma de postura divertida. ¿Olvidarte de fijar metas? ¡Sí, por favor!

¿Y sabes qué? El libro que tienes en tus manos ahora mismo te está enseñando cómo construir un sistema, cómo crear una estructura y un ritmo en torno a lo que importa. Si comienzas ahí en lugar de con la foto del «después», estarás en el camino hacia el descubrimiento de quién eres. Te encantará el lugar donde estás y no te extrañará tanto crecer y mejorar.

A medida que crees sistemas en torno a lo que importa, no te centres tanto en el final del juego. En su lugar, piensa en cómo puedes continuar sintiéndote cómoda en tu propia piel y entrar en una habitación con confianza y calma.

Acepta el cambio. No puedes ser quien eras a los veinte cuando tienes cuarenta. Por ejemplo, yo no puedo tratar de estar más delgada de lo que nunca he estado, especialmente cuando lo más delgada que he estado era a los diecinueve años, cuando tuve un trastorno alimentario y sólo comía ochocientas calorías al día durante más de un año. Es ridículo que a veces me enoje conmigo misma por no ser tan delgada como entonces.

Eso fue hace tres bebés y veinte años.

---

2. James Clear, *Hábitos atómicos: Cambios pequeños, resultados extraordinarios*, Diana, 2020.

Ésa soy yo mirando hacia atrás, a un pasado «ideal», sin mirar hacia delante con amabilidad y reflexión sobre en quién me estoy convirtiendo.

Presta atención a tus pasos, dónde estabas hace un año y dónde estás hoy. No es una comparación por el bien de una tabla de recompensas o por algún tipo de validación vacía.

Yo, por ejemplo, puedo celebrar que con este tercer bebé, aunque todavía me cansaba y me fastidiaban un poco los pañales y las noches de insomnio, estaba más asentada en mi propia piel como madre. Esa piel puede parecerte muy diferente de lo que desearías, especialmente durante la temporada de uso del bikini, pero ¿a quién le importa?

Claro, me refiero a afirmar el cuerpo de una madre y el trabajo que logró para hacer crecer a una persona humana real, pero ni siquiera es eso. Tenemos que dejar de ponernos en un espectro de cómo nos vemos y, en cambio, centrarnos en cómo nos sentimos. Tal afirmación puede hacer que quieras lanzarme este libro a la cabeza, pero cuando pienso en lo obsesionada que he estado, en la cantidad de energía que he gastado en criticarme por no parecer una atleta de CrossFit cuando no he hecho nada ni remotamente cercano al CrossFit, tengo que volver a practicar cómo ser amable conmigo misma.

Tengo extraños valores predeterminados que me hacen compararme con las demás personas. Me he aferrado a estándares imposibles y me he enojado conmigo misma por no cumplirlos. Me he criticado a mí misma por no conseguirlo. He marcado esos momentos con entradas de diario angustiosas y planes locos de ejercicios.

Irónicamente, he prestado menos atención a marcar momentos de crecimiento personal, de nuevos patrones de calma cuando hablo con mis hijos, de crecimiento en mis habilidades como pastelera, de mayor confianza en mi voz en la sala de la que tenía diez años atrás.

Reflexionar con compasión sobre en quién te estás convirtiendo es un acto de bondad, y yo todavía estoy aprendiendo a practicarlo.

Marca los momentos de crecimiento y llámalos buenos.

Somos amables con nuestras amigas. Las animamos y defendemos sus sueños. Nos sentamos con ellas en situaciones difíciles y no les ofrecemos constantemente maneras de mejorar sus vidas. Las abrazamos y les traemos tazas de café, las miramos a los ojos y les decimos «te quiero». Apostaría mucho dinero a que no hablas o actúas tan amablemente contigo misma, si es que alguna vez lo haces. Y definitivamente no marcas tus propios momentos como lo haces con los de otras personas.

Sé amable contigo misma, en tus palabras, en tu búsqueda de en quién te estás convirtiendo, y con gentileza cuando te lo tomes con calma.

## MANERAS SENCILLAS DE SER AMABLE CONTIGO MISMA

- Lleva un diario, escribe sobre cómo te va, tal vez incluso en tus días de descanso estacionales.

- Sal a caminar y susurra una oración de agradecimiento por ser quien eres.

- Mírate al espejo y sonríete sin juzgarte.

- Permítete un espacio para sentarte sin nada que justificar.

- Deja de ponerte ropa que no te quede bien o que no te haga sentir tú misma.

- Deje de criticar cada elección y cómo afecta a tu futuro ideal.

## Paso 3: celebrar

Mi amiga Francie, esposa y madre de dos niñas en edad escolar, fue a la escuela de enfermería cuando era adulta y le resultó muy difícil. Digo esto casualmente desde mi propio punto de vista, sin haber vivido estudiando hasta altas horas de la noche, haciendo malabares con quién recogería a los niños en qué días, encontrando niñeras cuando ninguno de los padres podía llegar a tiempo a casa y, en general, luchando con el proceso a pesar de que era el camino correcto.

Cuando Francie se graduó de la escuela de enfermería, lo celebró invitando a unos cuarenta amigos y amigas a un gran refugio en el parque local, donde comimos parrillada y pastel y le dimos un «choca esos cinco» a nuestra amiga. Pensar en lo sagrado de ese día me hace llorar.

¿Formar parte de la celebración de la gran empresa que había logrado mi amiga? ¡Qué regalo!

Hubiera sido fácil para Francie y su familia dejar pasar la graduación, brindar en la mesa de la cena o pedir pizza en un lugar elegante en lugar de en el restaurante para el que tenían cupones. En cambio, sabían que el camino era duro y hermoso y que valía la pena celebrarlo con las personas que los aman. Fue tan simple y tan profundo.

Dejar entrar a las personas y celebrar las cosas con ellas, tanto sus triunfos como los tuyos, es una forma excepcionalmente divertida y especial de ser amable contigo misma. Tampoco es necesario ser falsamente extrovertido para que esto suceda. Grande, pequeña, aparentemente insignificante..., el tamaño de la celebración e incluso lo que estás celebrando son irrelevantes.

Simplemente celebra las cosas.

## Cómo celebrar algo hoy

Me encanta hacer fiestas. Me gusta mucho.

He organizado fiestas de trivial sobre *Los Juegos del Hambre*, una fiesta de disfraces sobre el *Mago de Oz* y una fiesta de degustación de pasteles de zanahoria. Actualmente estoy preparando una fiesta de juegos de mesa sobre los Juegos Olímpicos.

Nadie lo sabe, pero he organizado todas las fiestas simplemente porque tenía ganas de celebrar la vida. Es mi manera personal de celebrar, de ser amable conmigo misma, de dejar entrar a la gente y darles de comer pastel hasta que eructen.

Quizá podrías pensar que celebrar las cosas es algo insignificante para quien sigue la genial pereza, pero, amiga mía, estarías equivocada. Aceptamos lo que importa, y las reuniones, la risa y el crecimiento son importantes.

Celebrar momentos, contigo misma y con los demás, te hace ver lo que importa. Defines una dirección para alcanzar tu bienestar. Creas recuerdos que te animan a superar los días difíciles y te ofrecen oportunidades para reír cuando los recuerdes más tarde.

Tener la oportunidad de proclamar públicamente que lo que te importa es significativo y valioso y vale la pena celebrarlo. Es un gran acto de bondad hacia ti misma.

Así que, ahora mismo, quiero que celebres algo. Hoy, ya.

No estoy diciendo que tengas que organizar una fiesta multitudinaria en tres horas, pero puedes ser absolutamente amable contigo misma ahora mismo celebrando algo a propósito.

Hablando en términos prácticos, deberás decidir tres cosas: qué celebrar, cómo celebrarlo y con quién celebrarlo.

### Qué celebrar

Puede que hayas trabajado diligentemente en algo durante semanas, aunque aún no haya ningún resultado que mostrar. Puede que vivas la vida de una ama de casa y te sientas más contenta que hace unos meses. O tal vez has escrito un artículo que te han aceptado publicar en un sitio web, pero te sientes demasiado pequeña para reconocerlo realmente.

Celebra lo que te parezca importante, tangible o intangible, en cualquier punto del viaje. Elige algo que importe y celébralo.

## CONSÍGUETE UN REGALO

Si creciste con algún tipo de tensión financiera en la familia o con padres que eran frugales, la idea de comprar algo para ti puede parecerte ridícula. De hecho, ésta es la voz que a veces escucho en mi cabeza: «¿Qué? ¿Se supone que debo comprarme algo cada vez que no le grito a mi hijo? ¿Quieres que me endeude con las tarjetas de crédito para celebrar estupideces?».

«No, Kendra, por supuesto que no, y lamento haberte hecho enojar tanto».

Un regalo para ti misma puede ser un acto de bondad.

Un regalo puede actuar como un marcador, como un recordatorio de esa habilidad que pensaste que nunca aprenderías. Cuando te pones los zapatos o te pones los pendientes o te das un capricho con un elegante tratamiento facial, recuerdas lo bien que te sentiste al cumplir el objetivo de ventas en el trabajo, terminar la propuesta del libro, organizar la enorme campaña de recolección de ropa de la iglesia, etc.

Está bien hacerse un regalo, especialmente cuando puedes usar ese regalo para recordar quién eres y qué te da vida. Eres una adulta y puedes decidir qué es saludable y qué es excesivo, pero existe la posibilidad de que no seas muy generosa contigo misma cuando se trata de dar regalos.

Hazte un regalo de vez en cuando. Es una manera de ser amable contigo misma.

## Cómo celebrar

La excusa, especialmente para los novatos en cuestión de celebraciones, es aligerar un poco la cabeza, animarse y seguir adelante. Si bien todo eso tiene su propio valor, por hoy, saca la celebración de tu cabeza y llévala a tu mundo.

Haz una celebración con una cena improvisada con las amigas, una llamada telefónica o un electrodoméstico para la cocina al que le habías echado el ojo, pero del que pensabas que podías prescindir. Celebra invitando a una amiga a ver un par de episodios de vuestra serie favorita mientras os coméis un sabroso helado.

Celebra diciéndole en voz alta a otro ser humano que estás orgullosa de algo que ha hecho. Se te permite preocuparte por lo que importa, así que demuestra amabilidad al validar ese momento y su importancia en tu vida.

## Con quién celebrar

Y ahora el ingrediente final de las celebraciones: el quién. No la banda de rock (aunque invitar a The Who[3] sería un tipo particular de celebración).

A menos que seas una ermitaña, ésta es la mejor parte de la celebración. Supera la incomodidad de ser vulnerable e invita a tu gente a celebrar lo que quieras celebrar. Vale la pena.

Lo mejor de celebrar con la gente es que no te puedes esconder. Tienes que celebrar y luego experimentar lo divertido que es en realidad.

Mi único consejo es celebrar con gente de la que estés segura. Si te preguntas si alguien te juzgará en silencio por celebrar algo que no es un cumpleaños, tal vez esa persona no sea la mejor opción para incluir. Ya estás lo suficientemente inquieta cuando se trata de celebrar, así que rodéate de personas de las que estés segura de que celebrarían cualquier cosa contigo porque te quieren.

---

3. Juego de palabras intraducible con el nombre del grupo musical The Who, y «el quién», que significan lo mismo. *(N. del T.)*

## Celebrar no es una carga

Estoy escribiendo esta sección particular del libro el día en que entrego mi manuscrito final. Ha sido un proceso, a menudo difícil, y he trabajado en esto más duro que nunca.

Me han animado muchas personas increíbles con GIFs, mensajes de texto, flores, café o simplemente con una palmada en la espalda y unas palabras amables. Michael y Hannah son dos de esos amigos. Me han pedido celebrar conmigo y con mi familia cada paso de este libro, incluso aquellos por los que habría pasado sin pensarlo dos veces. Hemos compartido comidas y pasteles y muchos «choca esos cinco» en persona. Me han enseñado la belleza de marcar todos esos momentos con una celebración.

Así que esta noche saldremos a cenar a un restaurante griego y tal vez rematemos la velada con un buen helado. Es una celebración pequeña pero poderosa de lo que he hecho, esta línea de meta que he cruzado.

Si soy sincera, a menudo me he sentido como una carga para ellos. ¿Realmente les importa lo suficiente como para prestar este tipo de atención a algo que yo hubiera dejado atrás? Aparentemente sí, y eso me ha cambiado. Ayer, Hannah dijo: «Nunca nos cansaremos de celebrar las cosas contigo».

Ése es el tipo de amiga y «celebradora» que quiero ser.

Claro, es fácil animarte rápidamente durante tres segundos en tu propia cabeza, pero tal vez te beneficiaría practicar más las celebraciones, como lo he hecho yo, para ver cuánto te gustan e incluso cuánto necesitas las celebraciones en tu vida.

Marcar momentos significativos es bueno para mi alma. Celebrar mi trabajo y lo que me importa es una manera con la que puedo demostrar amabilidad, una práctica que todavía estoy aprendiendo. Además, es divertido. Quiero decir, estoy totalmente a favor de la terapia y la defenderé hasta que esté triste, pero a pesar de que sus métodos cambian la vida, definitivamente no es tan divertido como una fiesta.

No te pierdas esta manera divertida y sencilla de ser amable contigo misma y no te pierdas la oportunidad de ofrecer este tipo de diversión a los tuyos.

La celebración nunca es una carga, porque tú no eres una carga.

Sé amable, sé amable, sé amable.

## RECUERDA

- Eres tu propia amiga. Eres digna de bondad, especialmente de ti misma.
- Valora quién eres ahora y acéptate con amor sin compararte con el pasado o con el futuro.
- Reflexiona sobre cómo te estás volviendo más tú misma.
- Celebra hoy un logro que te importe.

### UN PEQUEÑO PASO

Envía un mensaje de texto a una amiga contándole una pequeña victoria. Podrías decir algo como: «Está bien, esto puede sonar extraño, pero fui a Target con los tres niños y no grité ni una sola vez ni me estresé, y no compré nada. Me siento muy orgullosa de mí misma. Sólo quería compartirlo. Gracias por ser el tipo de amiga que celebra las pequeñas cosas conmigo».

Ahora que hemos hablado de los trece principios, es hora de ponerlos todos juntos y vivir con genial pereza.

# CÓMO VIVIR CON GENIAL PEREZA

Anteriormente dije que no necesitas una nueva lista de cosas que hacer, sino una nueva forma de ver. Ahora que tienes estos trece principios en tu navajita suiza imaginaria, puedes ver cada situación a la que te enfrentas a través de la lente de aceptar lo que importa y deshacerte de lo que no.

Veamos cómo se hace.

## Empieza siempre con lo que importa

No puedes hacer nada hasta que sepas lo que te importa, pero ¿cómo lo sabes realmente?

Tienes dos opciones: reflexión global o atención plena.

### Reflexión global

Siéntate con un cuaderno, forma dos columnas, Pereza y Genio, y escribe las áreas de tu vida en las columnas que les correspondan.

En la columna Genio enumera cualquier cosa que te haga feliz, que quieras cultivar y para lo que tengas más tiempo, que te haga sentir tú misma o que tenga una gran importancia para tu familia.

En la columna Pereza enumera todo lo que te deja fría, lo que pospones constantemente o de lo que deseas huir.

¿Qué te ilumina y qué te pesa? Escríbelo. Nómbralo.

La columna Genio te brinda una ventana a lo que importa, para que puedas crear espacio para que crezca.

Pero no es la única forma.

### Atención plena

Si sentarte a enumerar todo lo que hay en tu alma, tu agenda y tu hogar te resulta abrumador, comienza poco a poco a ser consciente.

Observa un momento del día, una tarea o un proyecto próximo en el que te gustaría actuar según la genial pereza. No tienes que nombrar la totalidad de lo que importa… sólo una o dos cosas.

También puedes ser consciente de cuándo te sientes frustrada, retraída o enfadada. ¿Algo ha desencadenado tu respuesta negativa? ¿Hay algo anterior al proceso a lo que puedas aplicar los principios de la genial pereza?

Puedes nombrar lo que importa en una situación cada vez.

## Cuando las cosas que importan se hablan entre sí

Mi lista personal de genio incluye un espacio ordenado, alimentar a los míos, conexión con mi gente, sentirme cómoda en mi hogar con cualquiera que entre, la música, las risas, manejar bien mi estrés, celebrar y apoyar a mis amigos, plantas que puedo mantener con vida y el actor James McAvoy (pero no hay mucho que pueda hacer al respecto de éste último).

Podría buscar formas específicas de ser un genio con cada cosa de mi lista en particular, o podría fijarme en qué elementos ya se están comunicando entre sí.

Mi lista tiene mucho sobre mi hogar y los sentimientos que hay entre sus paredes. Música, comida, comodidad, conexión…; al parecer, me gusta el estado de ánimo. Pero no es sólo sentimiento por sentimiento. Para mí, todo se reduce a las personas.

Si me doy cuenta de que mi lista es una conversación más amplia, puedo resumir gran parte de lo que me importa sobre mi hogar en un solo valor: todos los que entran se sienten como en casa.

Me esfuerzo mucho para que eso suceda y utilizo mis soluciones rápidas para las cosas que importan menos. Aquí hay algunas formas en las que soy un genio sobre lo que importa:

- Dedico tiempo a explorar recetas que reconfortan el cuerpo y el alma y aprendo a cocinarlas bien.
- Pongo energía en mantener ordenados mis espacios.
- Derroché en un buen sistema de altavoces para que la música ambiental llene toda la casa con un solo clic.
- Pienso en lo que llevo a mi casa para poder concentrarme en hacer que una habitación sea acogedora en lugar de tratar de meter más cosas en cestas y contenedores.
- Gasto dinero en plantas y velas porque hacen que una habitación sea más acogedora.
- Invito a la gente tan a menudo como puedo, abro las puertas sin importar el estado de la casa y nunca me disculpo por ello.

Veo otras cosas en mi lista, como la risa y la conexión profunda con amigos y familiares, y veo otra integración: quiero que las personas se sientan como en casa no sólo en mi hogar sino también en nuestra relación, en su propia piel y en la seguridad de compartir sus vidas conmigo. Eso puede suceder en una conversación con una amiga de confianza, en un mensaje de Instagram a un extraño o aquí mismo, en las páginas de este libro.

Al prestar atención a lo que me importa y a cómo esos valores se comunican entre sí, he podido establecer una filosofía de vida que afecta a cada decisión que tomo: quiero que la gente se sienta segura y en casa conmigo.

Obviamente, otros también desean eso, pero es lo que más deseo yo.

Ahora tengo un filtro sobre qué tener, de qué deshacerme y cómo puedo hacer mejor las cosas.

En lugar de cambiar mi manera de ser una persona que lo hace todo, puedo ser un genio sobre las cosas que más importan y prestar la atención sobrante a cualquier otra cosa.

Nombrar y aceptar lo que importa lo cambia todo.

## Caso de estudio de la genial pereza: mudarse a una nueva ciudad

Mi amiga Bri es esposa de un militar y se traslada con su esposo Jeremy y su perro cada tres años. Eso es mucha mudanza, y cambiar de residencia es estresante para la mayoría de las personas. ¿Cómo puede Bri, que sigue los consejos de la genial pereza, mudarse a una nueva ciudad? Repasemos los trece principios y averigüémoslo.

### Decidir una vez

¿Qué puede decidir Bri una vez? Ella puede tener el mismo patrón para cada movimiento: la semana uno consiste en desembalarlo todo, la semana dos consiste en anidar y la semana tres en explorar. Siempre, en todas las ciudades. De esa manera, puede concentrarse en lo que importa de inmediato (establecerse) y dejar espacio para lo que importará más adelante (hacer de la nueva ciudad su hogar).

### Empieza poco a poco

Mudarse a una nueva ciudad es una empresa enorme, por lo que es fácil quedarse atrapada en las cosas importantes. En lugar de mirar las montañas de cajas y quedarse congelados por la enormidad de la tarea, Bri y su esposo empiezan por una caja. Una habitación. Una hora cada vez.

### Haz la Pregunta Mágica

Antes de mudarse, ¿qué puede hacer Bri para facilitar las cosas más adelante? Ella puede:

- Etiquetar las cajas muy bien para que resulte más fácil desempaquetar.
- Pensar en sus recetas fáciles y empaquetar por separado el equipo de cocina que necesitarán para empezar.

- Buscar la tienda de comestibles, la cafetería y la tienda de donuts más cercanas antes de que se apodere de ella toda la locura de desembalar y nadie quiera tomar una decisión sobre otra cosa.

## Vive la temporada

Si alguien entiende el valor de vivir la temporada, es la gente del ejército.

A Bri se le permite sentirse triste por no tener raíces en un lugar en particular durante décadas, pero también puede adoptar un tipo diferente de enraizamiento durante cada temporada. Su esposo está haciendo algo que le apasiona, a ella le gusta su propia vida y está dispuesta a todo, y esa temporada puede estar llena de aventuras y conexiones.

Al elegir vivir la temporada y no desesperarse por lo que se está perdiendo, Bri puede abrazar la gratitud por la singularidad de lo que tiene.

## Construye las rutinas correctas

Es difícil vivir en un lugar nuevo, y cuando aparece el desánimo, es fácil quedarse en casa y olvidar que la nueva ciudad está esperándote ahí fuera.

Aun así, Bri sabe que conocer esta nueva ciudad y convertirla en su hogar es importante para ella, por lo que puede construir una rutina que la lleve a un lugar de exploración y apertura en lugar de a uno de aislamiento.

Tal vez comience la sencilla rutina matinal de caminar por la calle hasta la cafetería local en lugar de prepararse el café ella misma. Ese simple acto la saca de la casa y la lleva a su nueva ciudad, y la ayuda a recordar la alegría de descubrir lo que está a la vuelta de la esquina.

Tal vez también se sienta abrumada por la cantidad de cajas que aún deben desempaquetar, por lo que construye una rutina simple de guardar una cosa cada vez que entra a una habitación.

Es una rutina pequeña pero efectiva que se puede desarrollar fácilmente cuando hay tiempo para abordar más.

## Establece las reglas de la casa

Bri se da cuenta de que su desánimo aumenta cuando pasa varios días sin hablar con nadie más que con Jeremy. ¡Necesita interactuar con la raza humana, por favor! Sin embargo, es difícil reunir el valor para hacerlo en una ciudad nueva, especialmente cuando parece que todavía queda mucho por hacer.

Introduce una nueva regla de la casa: Bri no pasará dos días seguidos sin decirle (con seguridad) a una extraña que es nueva en la zona y que le encantaría que le recomendara cafeterías o restaurantes de comida tailandesa.

Es poco probable que la extraña se convierta en una amiga de toda la vida, pero es probable que Bri se sienta conectada a alguien y sienta la ligereza que le ofrece esta simple interacción. Ahora tiene la regla de no pasar dos días seguidos sin buscarla.

## Pon todo en su lugar

La belleza de mudarse a una nueva ciudad y un nuevo hogar es que tienes la oportunidad de empezar de nuevo dándole a todo un lugar. El problema de mudarse a una nueva ciudad y un nuevo hogar es que nada tiene un lugar todavía y tienes que encontrarlo para literalmente todo. Aun así, hay un don en poder hacerlo intencionadamente.

Bri podría tener la tentación de meter todas sus pertenencias en cajones y armarios y ocuparse de ellas más tarde, pero lo lamentaría enseguida. A pesar de que se tarda más tiempo y puede parecer un poco molesto, que Bri se mude a una nueva casa desde la perspectiva de la genial pereza es tomarse tiempo para ponerlo todo en su lugar. Obtendrá las recompensas antes de lo que esperaba.

## Deja entrar a la gente

Eso es duro en una ciudad nueva. ¿Cómo dejas entrar a la gente cuando no conoces a nadie?

En primer lugar, Bri puede dejar que amigas de temporadas pasadas de su vida entren en su soledad. No tiene que guardársela para sí misma y puede compartir sus cuitas.

En segundo lugar, puede correr el pequeño riesgo de invitar a alguien nuevo a cenar. Tal vez sea una vecina, alguien que ha conocido en la iglesia o en el gimnasio, o incluso una mujer de la fila que pide el mismo café que Bri.

Éste podría ser el principio más difícil de aplicar cuando te mudas a una ciudad nueva, pero eso se debe a que es uno de los más cruciales. Para que un lugar se convierta en tu hogar, debes dejar entrar a la gente.

Bri puede empezar poco a poco.

## Agrupa

Desembalar es una gran clase magistral de procesamiento por lotes. Desempaqueta una caja completa y hace un lote según donde deben ir las cosas en lugar de sacar una cosa, guardarla y hacer lo mismo una y otra vez.

### Esencializa

Es probable que Bri haya *esencializado* antes de dejar su último hogar al poner energía en embalar sólo lo que realmente importa. La mudanza es un excelente catalizador para nombrar lo que importa y conservar sólo lo esencial.

## Procede en el orden correcto

Recuerda, el orden correcto siempre comienza con lo que importa, pasa a calmar la locura y termina confiando en ti misma.

Para Bri y su esposo, comprometerse con sus vecinos y sentirse como en casa es muy importante.

¿Cómo calmar la locura que eso conlleva? La locura en este caso puede provenir de preguntarse si elegirán la casa adecuada en el vecindario adecuado. ¿Y si elegimos mal? ¿Qué pasa si elegimos una casa pero luego deseamos haber elegido un vecindario diferente?

Ellos calman esa locura viviendo en apartamentos de Airbnb en sus vecindarios favoritos durante las primeras semanas en la nueva ciudad. Esto puede sonar como lo opuesto a calmar a la locura, pero si el vecindario importa tanto, pueden eliminar la locura del futuro, al nombrar lo que importa y confiar en que esta forma de abordar el lugar donde vivir funciona para ellos.[1]

## Programa descansos

Esto es un gran problema cuando te trasladas a un nuevo lugar.

Bri está físicamente cansada de viajar y desempaquetar y emocionalmente cansada por el estrés del cambio.

El descanso es clave. Bri puede programar un día a la semana para tomarse un descanso, sin importar cuánto tiempo sea. Ella y su esposo establecen un par de noches a la semana en las que dejan de desempaquetar cajas y dan un paseo por el centro con el perro sin otra agenda que la de estar juntos.

Al no olvidarse de establecer descansos, Bri acepta lo que importa (la cordura me viene a la mente) y hace aún más cosas más tarde porque está completamente descansada y restaurada.

## Sé amable contigo misma

Y aquí es donde brilla la genial pereza de Bri.

Hay mucha presión durante una mudanza. Es posible que exista una tensión oculta sobre la rapidez con la que hará amigas, en qué medida su hogar reflejará su personalidad y con qué facilidad ella y su esposo manejarán la transición.

Y probablemente no siempre saldrá como ella espera. Puede sentirse sola o frustrada o un poco resentida de que ésa sea su forma de vida.

Así es cómo puede ser amable consigo misma. Bri puede valorar quién es y dónde está ahora. Puede disfrutar momentos de

---

1. Bri es una persona real, por cierto, y hace lo que te cuento. Todavía no he superado lo brillante que es.

charla con una vecina junto al buzón de correo o encontrar el camino al supermercado sin necesidad de consultar el GPS. Puede celebrar con su marido al final de cada semana en su nuevo hogar chocando las copas y brindando por vivir esta aventura juntos.

La bondad hacia sí misma la ayudará a ser más bondadosa con los demás.

## Vivir según la genial pereza

Lo que he presentado no es un sistema intrincado con docenas de partes móviles. La mitad de estos principios afectan la mentalidad de Bri más que sus elecciones tangibles.

Aun así, cuando leo estas posibilidades, veo este traslado a una nueva ciudad como una auténtica aventura. Hay muchos desafíos, frustraciones y primeros pasos que pueden resultar abrumadores, pero al abordar el proceso a través de la lente de los principios de la genial pereza, el traslado de Bri a una nueva ciudad está teñido de lo que le importa, no de cómo cree que debería hacerlo.

No construyas un gran sistema.

Simplemente analiza tu situación a través de estos principios y comprueba lo que sale a la superficie.

## Estudio de caso rápido: aprender a cocinar

Tal vez quieras emprender una nueva actividad, como cocinar, pero parece demasiado difícil sólo pensar en ello. En lugar de rendirte antes de empezar, utiliza los principios de la genial pereza desde el principio.

### Decide una vez
Haz las mismas seis recetas hasta que te sientas segura de ellas.

### Empieza poco a poco
No te avergüences de comenzar con los conceptos básicos de, por ejemplo, cocinar pasta.

### Haz la Pregunta Mágica
Prepara las comidas por la mañana para que no tengas prisa por la noche y puedas concentrarte en el proceso.

### Vive la temporada
Apóyate en que tus niños pequeños estén de por medio. Además, opta por las hamburguesas en verano y los guisos de invierno.

### Construye las rutinas correctas
Todas las mañanas, mientras preparas café, recuerda lo que planeaste para la cena.

### Establece las reglas de la casa
Ponte siempre un delantal cuando cocines para tener un sentido de propósito.

### Pon todo en su lugar
Crea un acceso fácil a los utensilios de la cocina para no tener problemas mientras tratas de aprenderte una receta.

### Deja entrar a la gente
Invita a alguien aunque no creas que la comida sea lo suficientemente buena. Eso no es lo que importa.

### Agrupa
Si cortar verduras es tu mayor frustración, hazlo todo de una vez los domingos para no tener que pensar en ello el resto de la semana.

### *Esencializa*
No compres diecisiete cacerolas nuevas. Sólo necesitas una o dos que te sirvan bien.

### Procede en el orden correcto
Lo que importa es la serena confianza en la cocina. Calma la locura liberando algunos de tus estándares y confía en ti misma.

### Programa descansos
No cocines todas las noches. Es bueno tomarse un descanso.

### Sé amable contigo misma
Aprender una nueva habilidad es difícil y puedes celebrar dónde estás sin que te distraiga dónde aún no estás.

## Algunas reflexiones finales

Al llegar al final, quiero decirte dos cosas.

Primero, nunca te sientas culpable por lo que te importa. Si salir a comer y disfrutar de tu ciudad y relacionarte con extraños y ser el alma de la fiesta te importa, no te atrevas a pensar que eso no es válido porque no se parece a alguien que prefiere tener gente alrededor de la mesa de su cocina e irse a la cama a las nueve. Todo importa porque todas importamos, y a cada una de nosotras nos importan cosas diferentes. Nombra lo que te importa. Si importa, cuenta.

En segundo lugar, eres suficiente. Puedes dejar de intentar tener el futuro ideal, y dejar de llevar esa carga que nunca debiste llevar. Deja ir el trabajo, la lista de las cosas pendientes, el esfuerzo, todas las cosas que estás haciendo para merecer el amor de las personas que te rodean. Tú eres suficiente.

• • •

Ahora volvamos a la playa.

En lugar de llevarte una pala o un cubo, llévate una silla de playa. Camina lentamente hasta la orilla, acomoda la silla en la arena suave y siéntate.

Estate quieta.

Siente una ola tras otra que te acomoda más profundamente en la arena, anclándote exactamente donde estás. No te preocupes de que las olas vengan más rápido o de que la arena se acumule más a tu alrededor. Descansa en silencio. Recibe la quietud. Experimenta la belleza de tu pequeñez.

Una de mis cosas favoritas de estar en la playa es lo ruidosa y silenciosa que es al mismo tiempo. Es extraño, ¿verdad? El viento y las olas son tan fuertes que amortiguan las voces y las risas a tu alrededor, pero los sonidos de la playa se encuentran entre los más calmantes que conozco. Son de una ferocidad suave.

Cuando nos sosegamos y experimentamos la quietud, la voz de Dios que siempre estuvo ahí es más fácil de escuchar. Nos sentamos con confianza donde Él nos tiene y permitimos que su presencia nos lleve más profundamente a donde estamos.

Sin excavar, sin cubos, sin mirar a tu alrededor para ver lo que hacen los demás. Simplemente recibimos y respondemos al poder de nuestro precioso y poderoso Padre. Y cuanto más estamos ahí sentados y más nos hundimos en la arena, más emocionados estamos de invitar a otras amigas cansadas a que tomen sus sillas de playa y se unan a nosotras.

**Nos hemos convertido en una generación de mujeres que estamos en paz con quienes somos, que nos animamos unas a otras a acercarnos a nuestras identidades más profundas y a deshacernos de lo que se interpone en nuestro camino.**

Y piensa en esto. Nos hemos convertido en una generación de mujeres que estamos en paz con quienes somos, que nos animamos unas a otras a acercarnos a nuestras identidades más profundas y a deshacernos de lo que se interpone en nuestro camino. Estoy a favor de ese mundo.

Deja de esforzarte tanto, amiga. Deja de intentar construir a lo grande.

No estabas entretejida en el útero de tu madre para poder correr tras una línea de meta en movimiento. Estás cansada porque estás tratando de vencer al mundo, pero podemos animarnos porque el Dios del universo ya lo ha hecho.

Estás hecha de una manera maravillosa. Él te ha rodeado por completo.

Sus pensamientos por ti son imposibles de contar.

Ése no es un Dios que se ríe al ver que te ahogas en lo más profundo de la vida mientras intentas manejar la agenda, las tareas del hogar y las expectativas ridículas. El Cristo que mora en ti está contigo, y tú simplemente puedes ser.

Escucha esto ahora, amiga: eres amada. Eres vista. Eres suficiente.

Con lágrimas en los ojos, te doy las gracias. Ha sido uno de los más profundos honores de mi vida entrar en tu vida con estas palabras.

Te estoy apoyando.

# AGRADECIMIENTOS

Cuando decidí escribir un libro, pensé que ésta sería la parte fácil. Resulta que encontrar palabras suficientes para agradecer a las personas que han estado conmigo durante todo este asunto de «escribamos un libro» es muy, muy difícil. Simplemente no hay suficientes palabras dichas de la manera correcta para comunicar lo agradecida que estoy a estas personas.

Primero, gracias, hermosa comunidad de la Genial Pereza. Este libro es para vosotros y vosotras y no existiría si no estuvierais ahí. Gracias por escuchar los episodios de los pódcast, cocinar mi célebre receta de pollo y animarme de maneras más valiosas de lo que posiblemente pueda imaginar. Estoy agradecida por vuestra amabilidad, vuestras preguntas y vuestra capacidad para encontrar el GIF perfecto de James McAvoy para poner en un DM de Instagram. Sois increíbles y me gustaría poder hornearos todas las galletas del mundo.

Un enorme agradecimiento a mi equipo en WaterBrook: Susan Tjaden por mejorar mis palabras, Johanna Inwood por preocuparse por el carácter del marketing más que por los números, Lisa Beech y Chelsea Woodward por trabajar tan duro para difundir este mensaje, y todas las demás personas que nunca llegué a conocer y que, sin embargo, han trabajado tanto para hacer que este libro cobre vida. Gracias, gracias, gracias.

Lisa Jackson, siempre me has defendido. Gracias por sufrir mis divagantes mensajes de Voxer, por creer en mí cuando pensé que había cometido un gran error y por ser no sólo mi agente, sino también mi amiga.

Leah Jarvis, eres el viento bajo mis alas. Gracias por dejar tu trabajo para trabajar para mí, por conocer mi cerebro a veces mejor que yo y por ser un ser humano encantador en todos los sentidos. Me siento muy honrada de tenerte conmigo.

Emily P. Freeman, realmente no sé cómo hacer las cosas sin ti. Gracias por nombrar lo que no puedo nombrar y ver lo que no puedo ver, desde la maternidad hasta la escritura y todo lo demás. Has sido mi puerta al mundo de Oz, a este colorido y extraño mundo de compartir mis palabras que me ha hecho más yo misma de lo que sabía que era posible. El trabajo que hago, la persona en la que me he convertido, los sueños que he cumplido no existirían sin ti. Eres un gran regalo y te amo.

Jamie B. Golden, ¿qué hubiera pasado si nunca te hubiera enviado un correo electrónico para presentarme a mí misma como tu amiga? Oh, qué triste sería mi mundo sin ti en él. Has sido una sorpresa, amigo mío, me has enseñado el valor de la celebración y el don de la posibilidad. También eres la persona más divertida que conozco y soy mejor ser humano porque eres mi amigo.

Bri McKoy y Laura Tremaine, quienes junto con Jamie han sido el grupo intelectual de mis sueños, gracias por escucharme decir tantas palabras sobre cosas sin importancia, por ayudarme a resolver mis problemas comerciales y por enviarme capturas de pantalla del Ranking de iTunes de mi pódcast por pura celebración. Vosotras, señoras mías, sois las mejores y os quiero mucho.

Myquillyn Smith, Caroline Teselle, Tsh Oxenreider y Emily P. Freeman, gracias por ser un lugar seguro en el que sentirme como una idiota profesional. Vuestra sabiduría colectiva a lo largo de los años ha sido tan asombrosa que es algo casi absurdo. Estoy muy agradecida por las horas, los fines de semana y las conversaciones desde Carolina del Norte a Londres que han dado forma a mi trabajo y a mi vida. Me siento muy honrada de llamaros amigas.

Erin Moon, eres la chica más genial de todo Internet y la mejor musa que podría pedir. Me has traído más claridad a mi trabajo y más alegría a mi vida de lo que probablemente crees. Estoy muy contenta de que Internet nos haya unido.

Knox McCoy, eres un editor excelente, y tu aliento en este proceso ha sido un gran regalo. Gracias por ser tan bueno en lo que haces, por darme una idea reflexiva sobre estas palabras y por ser un tipo superagradable para empezar.

Anne Bogel, el momento en que supervisaste este proceso fue inquietante y sorprendente. Gracias por ser un estímulo tan fiel para mí.

A todos los músicos que fueron mis compañeros constantes durante este proceso: Penny & Sparrow, Songs of Water, Slow Meadow, The Gloaming, Yasmin Williams, Ólafur Arnalds y Balmorhea. Tenéis mi más profundo agradecimiento. No soy yo misma sin música, así que gracias por ayudarme a sentirme completa cuando las cosas se ponen difíciles.

A mi preciosa y ridículamente asombrosa familia de la iglesia y grupo comunitario de Hope Chapel: vuestra amistad no podría haber llegado en un mejor momento, y estoy constantemente asombrada de lo bien que lo paso con vosotros. Os quiero de verdad.

Elizabeth y Charlie Swing, Andraya y Daniel Northrup, y Griffin y Erin Kale, gracias por animarme de maneras que nunca esperé. Sois unos amigos maravillosos.

Jason y Alisa Windsor, siempre recordaré este libro como el proyecto en el que estaba trabajando cuando recibisteis la llamada de que Alistair era vuestro. Qué regalo teneros como amigos, saber cuánto creéis los dos en mi trabajo y cuánto tiempo lo habéis apoyado, y que hayamos vivido la vida juntos durante estos últimos años extraños. Os quiero a ambos y alabo a Jesús por ese dulce bebé en vuestros brazos.

Hannah Van Patter, gracias por las notas en mi escritorio, el pastel de mi cumpleaños, las cenas familiares en los días límite y tu amable y firme amistad. Eres un gran regalo y estoy más que agradecida por lo bien que me has tratado. Michael, saluda a todos los adictos a la pizza, y gracias por construirme ese muro. Mi familia quiere mucho a la tuya, y estamos ansiosos por seguir viviendo juntos. Gracias por estar ahí el primero.

Mamá y Jon, gracias por ser unos padres tan solidarios, por rezar fielmente por mí durante este proceso y por estar orgullosos de mí sólo porque soy yo. Os amo.

Tom y Seiko, gracias por alimentar a Kaz y a los niños con tanta frecuencia mientras yo trabajaba y por animar mis sueños. Sois unos suegros maravillosos y os estoy agradecida.

A Luke, Hannah, Imi, Silas, Miles, Matt, Julie, Morgan, Ava, Kennedy, Emmaline, Jeremiah, Chris, Becky, Ivy, Tet, Kenji, Christine, Charis, Alana y Derek: qué regalo teneros como familia.

Hannah Kody, gracias por conocer mis historias mejor que yo, por ayudarme a arreglarme el cabello, por hacerme reír con chistes que nadie más entiende, por conocer el fondo de quién soy y amarme aún más por eso. En pocas palabras, eres la mejor. Te amo como a una hermana (porque lo eres), pero me alegro de que seas mi amiga.

Sam, Ben y Annie, todos vosotros sois sin duda los niños más geniales y amables que existen. Os amo tanto que mi corazón podría explotar, y ser vuestra mamá es un honor.

Kaz, te elegiría una y otra vez. Tu amor me hizo revivir y eres mi lugar más seguro donde aterrizar. Te amo, y el último que aparece en mis agradecimientos es un huevo podrido.

# ACERCA DE LA AUTORA

Kendra Adachi fue a la universidad para convertirse en profesora de inglés en la escuela secundaria, pero en cambio se convirtió a la genial pereza, compartiendo con pasión y sinceridad cómo dejar de hacerlo todo por el bien de hacer lo que importa. Su trabajo incluye ser la anfitriona de *The Lazy Genius Podcast*, *Cooking Dinner* en Instagram y convencer a sus tres hijos pequeños de que hablar por teléfono es el trabajo de mamá. A ella y a su esposo les encanta criar a su familia en la misma ciudad de Carolina del Norte donde ambos crecieron.

# ÍNDICE